PRORROGAÇÃO ANTECIPADA
DE CONTRATOS DE CONCESSÃO
DE SERVIÇO PÚBLICO

FELIPE MIRANDA FERRARI PICOLO

Prefácio
Jacintho Arruda Câmara

PRORROGAÇÃO ANTECIPADA DE CONTRATOS DE CONCESSÃO DE SERVIÇO PÚBLICO

Belo Horizonte

2024

© 2024 Editora Fórum Ltda.

É proibida a reprodução total ou parcial desta obra, por qualquer meio eletrônico, inclusive por processos xerográficos, sem autorização expressa do Editor.

Conselho Editorial

Adilson Abreu Dallari
Alécia Paolucci Nogueira Bicalho
Alexandre Coutinho Pagliarini
André Ramos Tavares
Carlos Ayres Britto
Carlos Mário da Silva Velloso
Cármen Lúcia Antunes Rocha
Cesar Augusto Guimarães Pereira
Clovis Beznos
Cristiana Fortini
Dinorá Adelaide Musetti Grotti
Diogo de Figueiredo Moreira Neto (*in memoriam*)
Egon Bockmann Moreira
Emerson Gabardo
Fabrício Motta
Fernando Rossi
Flávio Henrique Unes Pereira

Floriano de Azevedo Marques Neto
Gustavo Justino de Oliveira
Inês Virgínia Prado Soares
Jorge Ulisses Jacoby Fernandes
Juarez Freitas
Luciano Ferraz
Lúcio Delfino
Marcia Carla Pereira Ribeiro
Márcio Cammarosano
Marcos Ehrhardt Jr.
Maria Sylvia Zanella Di Pietro
Ney José de Freitas
Oswaldo Othon de Pontes Saraiva Filho
Paulo Modesto
Romeu Felipe Bacellar Filho
Sérgio Guerra
Walber de Moura Agra

FÓRUM
CONHECIMENTO JURÍDICO

Luís Cláudio Rodrigues Ferreira
Presidente e Editor

Coordenação editorial: Leonardo Eustáquio Siqueira Araújo
Aline Sobreira de Oliveira

Rua Paulo Ribeiro Bastos, 211 – Jardim Atlântico – CEP 31710-430
Belo Horizonte – Minas Gerais – Tel.: (31) 99412.0131
www.editoraforum.com.br – editoraforum@editoraforum.com.br

Técnica. Empenho. Zelo. Esses foram alguns dos cuidados aplicados na edição desta obra. No entanto, podem ocorrer erros de impressão, digitação ou mesmo restar alguma dúvida conceitual. Caso se constate algo assim, solicitamos a gentileza de nos comunicar através do *e-mail* editorial@editoraforum.com.br para que possamos esclarecer, no que couber. A sua contribuição é muito importante para mantermos a excelência editorial. A Editora Fórum agradece a sua contribuição.

Dados Internacionais de Catalogação na Publicação (CIP) de acordo com ISBD

P598p
    Picolo, Felipe Miranda Ferrari

    Prorrogação antecipada de Contratos de Concessão de Serviço Público / Felipe Miranda Ferrari Picolo. Belo Horizonte: Fórum, 2024.

    150 p. 14,5x21,5cm
    ISBN 978-65-5518-652-9

    1. Direito administrativo. 2. Direito constitucional. 3. Direito público. I. Título.

CDD: 342
CDU: 342

Ficha catalográfica elaborada por Lissandra Ruas Lima – CRB/6 – 2851

Informação bibliográfica deste livro, conforme a NBR 6023:2018 da Associação Brasileira de Normas Técnicas (ABNT):

PICOLO, Felipe Miranda Ferrari. *Prorrogação antecipada de Contratos de Concessão de Serviço Público*. Belo Horizonte: Fórum, 2024. 150 p. ISBN 978-65-5518-652-9.

Aos meus pais, Alexa e Luiz.

AGRADECIMENTOS

Este livro é resultado de investigações realizadas ao longo do curso de mestrado em Direito Administrativo na Pontifícia Universidade Católica de São Paulo e do apoio de diversas pessoas. Seria injusto não as citar e lhes agradecer por tudo que fizeram por mim durante esse período.

Ainda em maio de 2020, no início da pandemia do Coronavírus e sem ideia de quanto tempo ficaríamos em isolamento, decidi participar do processo seletivo e entrei em contato com o Professor Jacintho Arruda Câmara. A ele vai o meu primeiro agradecimento: não apenas por ter me aceitado como seu orientando, mas por ter sido sempre disponível, paciente e atento às minhas angústias, além de ter conduzido valiosas discussões na disciplina de "Questões Contemporâneas das Contratações Públicas". Este trabalho não teria sido produzido sem as suas provocações e revisões.

Aos Professores Álvaro de Azevedo Gonzaga, Celso Fernandes Campilongo, Márcio Cammarosano, Maurício Zockun, Silvio Luís Ferreira da Rocha, pelos ricos debates (ainda que virtuais) nos créditos cursados. À Professora Christianne de Carvalho Stroppa e ao Professor José Roberto Pimenta, pela leitura crítica e pelas contribuições na banca de qualificação. Novamente à Professora Christianne de Carvalho Stroppa, por aceitar participar da banca de defesa, ao lado do Professor André Janjácomo Rosilho, a quem admiro desde as aulas na disciplina de "Direito Administrativo Contratual" na pós-graduação da Escola de Direito da Fundação Getúlio Vargas de São Paulo.

Aos meus amigos do escritório Mattos Filho: Amanda Namur, Eduardo Costa Guerra, Gabriela Altit, Gustavo Carvalho Galvão Machado da Silva, Henrique Lago da Silveira, Luiz Eduardo de Assis, Patrícia Mutti e Mattos, Marina Anselmo Schneider, Nilton Gomes de Mattos Neto, Pedro Benintendi Mazer, Renato Villaça Di Dio, Samuel Olavo de Castro, Talita Santos Cruz, Thais Silva Guilherme e Thiago Luís Sombra. Agradeço a eles pelo apoio em todas as vezes em que eu me ausentei em razão das atividades acadêmicas e por tornar os meus dias mais leves.

A Camila Nardin de Castro Neves, Juliana Deguirmendjian, Mário Márcio Saadi Lima, Marília Salim Kotait e Raul Dias dos Santos Neto, que já não estão mais no escritório, mas foram essenciais na minha formação e seguirão sendo importantes amigos.

Ao André Luiz Freire, por sempre exigir o máximo de mim, ser uma fonte de inspiração acadêmica e profissional, contribuir com o meu progresso no mestrado (desde a definição do tema!) e confiar no meu potencial.

A Ana Carolina Carpegiani Peyres Neves, Carolina Tonet Tambosi Arcas, Helena Villela Parcias, Jéssica Tolotti Canhisares, Lígia Chaves Martines Fernandes, Lucas Ribeiro Vieira Rezende, Nathalia Beschizza e Talitha Aguillar Leite, por terem me suportado nesses últimos anos e por terem me ajudado a seguir firme.

Aos meus pais, Alexa Miranda Pereira Coelho e Luiz Antônio Picolo, ao meu irmão, Rafael Miranda Ferrari Picolo, à minha avó Iolenita Meira Miranda (a "vó Iola"), ao meu avô Antônio Pereira Coelho Netto, e ao meu tio-padrinho Alberto Miranda Pereira Coelho, por serem os principais responsáveis por quem sou, por sempre me encorajarem a aceitar novos desafios e compreenderem todas as vezes que eu não pude me fazer mais presente para me dedicar ao mestrado.

Ao Caio Rigon Ortega, que, inquestionavelmente, foi o maior impactado pela minha decisão de cursar o mestrado. Por toda a sua paciência, parceria, carinho e compreensão nesses últimos anos, mesmo diante de tantos finais de semana em que eu não pude dar a atenção que merecia. Por me incentivar diariamente a sonhar mais alto e ser o meu porto seguro. Com todo o meu amor, te agradeço.

LISTA DE ABREVIATURAS, LEGISLAÇÃO E SIGLAS

ANAC	Agência Nacional de Aviação Civil
ANATEL	Agência Nacional de Telecomunicações
ANEEL	Agência Nacional de Energia Elétrica
ANTAQ	Agência Nacional de Transportes Aquaviários
ANTT	Agência Nacional de Transportes Terrestres
Constituição Federal	Constituição da República Federativa do Brasil de 1988
Decreto nº 4.122/2002	Aprova o Regulamento e o Quadro Demonstrativo dos Cargos Comissionados e dos Cargos Comissionados Técnicos da Agência Nacional de Transportes Aquaviários – ANTAQ, e dá outras providências
Decreto nº 7.624/2011	Dispõe sobre as condições de exploração pela iniciativa privada da infraestrutura aeroportuária, por meio de concessão
Decreto nº 8.033/2013	Regulamenta o disposto na Lei nº 12.815, de 5 de junho de 2013, e as demais disposições legais que regulam a exploração de portos organizados e de instalações portuárias
Decreto nº 9.048/2017	Altera o Decreto nº 8.033, de 27 de junho de 2013, que regulamenta o disposto na Lei nº 12.815, de 5 de junho de 2013, e as demais disposições legais que regulam a exploração de portos organizados e de instalações portuárias

Decreto nº 65.574/2021 do Estado de São Paulo	Autoriza a prorrogação antecipada da concessão do serviço de transporte coletivo intermunicipal por ônibus e trólebus no Corredor Metropolitano São Mateus/Jabaquara, nos termos da Lei estadual nº 16.933, de 24 de janeiro de 2019
Lei nº 8.666/1993	Regulamenta o art. 37, inciso XXI, da Constituição Federal, institui normas para licitações e contratos da Administração Pública e dá outras providências
Lei nº 8.987/1995	Dispõe sobre o regime de concessão e permissão da prestação de serviços públicos previsto no art. 175 da Constituição Federal, e dá outras providências
Lei nº 9.074/1995	Estabelece normas para outorga e prorrogações das concessões e permissões de serviços públicos e dá outras providências
Lei nº 9.472/1997	Dispõe sobre a organização dos serviços de telecomunicações, a criação e funcionamento de um órgão regulador e outros aspectos institucionais, nos termos da Emenda Constitucional nº 8, de 1995
Lei nº 12.783/2013	Dispõe sobre as concessões de geração, transmissão e distribuição de energia elétrica, sobre a redução dos encargos setoriais e sobre a modicidade tarifária; altera as Leis nºs 10.438, de 26 de abril de 2002, 12.111, de 9 de dezembro de 2009, 9.648, de 27 de maio de 1998, 9.427, de 26 de dezembro de 1996, e 10.848, de 15 de março de 2004; revoga dispositivo da Lei nº 8.631, de 4 de março de 1993; e dá outras providências

Lei nº 12.815/2013	Dispõe sobre a exploração direta e indireta pela União de portos e instalações portuárias e sobre as atividades desempenhadas pelos operadores portuários; altera as Leis nºs 5.025, de 10 de junho de 1966, 10.233, de 5 de junho de 2001, 10.683, de 28 de maio de 2003, 9.719, de 27 de novembro de 1998, e 8.213, de 24 de julho de 1991; revoga as Leis nºs 8.630, de 25 de fevereiro de 1993, e 11.610, de 12 de dezembro de 2007, e dispositivos das Leis nºs 11.314, de 3 de julho de 2006, e 11.518, de 5 de setembro de 2007; e dá outras providências
Lei nº 13.448/2017	Estabelece diretrizes gerais para prorrogação e relicitação dos contratos de parceria definidos nos termos da Lei nº 13.334, de 13 de setembro de 2016, nos setores rodoviário, ferroviário e aeroportuário da administração pública federal, e altera a Lei nº 10.233, de 5 de junho de 2001, e a Lei nº 8.987, de 13 de fevereiro de 1995
Lei nº 13.848/2019	Dispõe sobre a gestão, a organização, o processo decisório e o controle social das agências reguladoras, altera a Lei nº 9.427, de 26 de dezembro de 1996, a Lei nº 9.472, de 16 de julho de 1997, a Lei nº 9.478, de 6 de agosto de 1997, a Lei nº 9.782, de 26 de janeiro de 1999, a Lei nº 9.961, de 28 de janeiro de 2000, a Lei nº 9.984, de 17 de julho de 2000, a Lei nº 9.986, de 18 de julho de 2000, a Lei nº 10.233, de 5 de junho de 2001, a Medida Provisória nº 2.228-1, de 6 de setembro de 2001, a Lei nº 11.182, de 27 de setembro de 2005, e a Lei nº 10.180, de 6 de fevereiro de 2001
Lei nº 14.133/2021	Lei de Licitações e Contratos Administrativos
Lei nº 7.835/1992 do Estado de São Paulo	Dispõe sobre o regime de concessão de obras públicas, de concessão e permissão de serviços públicos e dá providências correlatas

Lei nº 16.933/2019 do Estado de São Paulo	Estabelece as diretrizes gerais para a prorrogação e relicitação dos contratos de parceria e dá providências correlatas
Lei nº 16.703/2017 do Município de São Paulo	Disciplina as concessões e permissões de serviços, obras e bens públicos que serão realizadas no âmbito do Plano Municipal de Desestatização – PMD; introduz alterações na Lei nº 16.211, de 27 de maio de 2015
Lei nº 17.731/2022 do Município de São Paulo	Estabelece as diretrizes gerais para a prorrogação e relicitação dos contratos de parceria entre o Município de São Paulo e a iniciativa privada, e dá providências correlatas
Lei nº 2.831/1997 do Estado do Rio de Janeiro	Dispõe sobre o regime de concessões de prestação e de obras públicas e de permissão da prestação de serviços públicos previsto no art. 70
Lei Complementar nº 37/1998 do Município do Rio de Janeiro	Dispõe sobre a delegação da prestação de serviços públicos, prevista no art. 175 da Constituição Federal e no art. 148, §§2º e 3º, da Lei Orgânica do Município do Rio de Janeiro e dá outras providências
Lei nº 10.453/1991 do Estado de Minas Gerais	Dispõe sobre a concessão e permissão de serviços públicos no âmbito do Estado de Minas Gerais, estabelece o regime das empresas concessionárias e permissionária e dá outras providências
Lei Complementar nº 94/2002 do Estado do Paraná	Cria a Agência Reguladora de Serviços Públicos Delegados de Infraestrutura do Paraná

MP 579/2012	Dispõe sobre as concessões de geração, transmissão e distribuição de energia elétrica, sobre a redução dos encargos setoriais, sobre a modicidade tarifária, e dá outras providências
MP 595/2012	Dispõe sobre a exploração direta e indireta, pela União, de portos e instalações portuárias e sobre as atividades desempenhadas pelos operadores portuários, e dá outras providências
MP 752/2016	Dispõe sobre diretrizes gerais para a prorrogação e a relicitação dos contratos de parceria que especifica e dá outras providências
Resolução ANTAQ 3.220/2014	Aprova a norma que estabelece procedimentos para a elaboração de projetos de arrendamentos e recomposição do equilíbrio econômico-financeiro dos contratos de arrendamento de áreas e instalações portuárias nos portos organizados

SUMÁRIO

PREFÁCIO 17

INTRODUÇÃO 21

CAPÍTULO 1
CONCESSÃO DE SERVIÇO PÚBLICO E PRAZO DE VIGÊNCIA 25
1.1 Considerações iniciais 25
1.2 A função dos prazos nas concessões de serviço público 29
1.3 O prazo das concessões de serviço público na legislação 32
1.4 Síntese 37

CAPÍTULO 2
PRORROGAÇÃO CONTRATUAL 39
2.1 Definição da prorrogação contratual 39
2.2 Prorrogação por reequilíbrio econômico-financeiro 43
2.3 Prorrogação para a continuidade da prestação do serviço público 47
2.4 Prorrogação ordinária 51
2.5 Prorrogação contratual e o dever de licitar 57
2.6 Síntese 64

CAPÍTULO 3
AS PRORROGAÇÕES ANTECIPADAS DE CONTRATOS DE
CONCESSÃO DE SERVIÇOS PÚBLICOS 65
3.1 Origem da expressão "prorrogação antecipada" 65
3.2 Definição das prorrogações antecipadas 68
3.3 (Des)necessidade de lei autorizativa específica 74
3.4 Síntese 79

CAPÍTULO 4
REQUISITOS DAS PRORROGAÇÕES ANTECIPADAS 81
4.1 Considerações iniciais 81
4.2 Concessão precedida de licitação pública 83
4.3 Previsão expressa no instrumento contratual ou em edital de licitação 85
4.4 Vigência contratual e tempestividade do pedido de prorrogação 91
4.5 Compatibilidade com o interesse público ou "vantajosidade" da medida 94
4.6 Participação social 109
4.7 Síntese 113

CAPÍTULO 5
CONTRAPARTIDAS PELA PRORROGAÇÃO ANTECIPADA 115
5.1 Considerações iniciais 115
5.2 Inclusão de investimentos não previstos no contrato de concessão original 119
5.3 Pagamento pela prorrogação da concessão 127
5.4 Investimentos cruzados 129
5.5 Redução tarifária 134
5.6 Inclusão de novas obrigações para manter a prestação do serviço adequado 135
5.7 Sínteses 138

CAPÍTULO 6
CONSIDERAÇÕES FINAIS E CONCLUSÃO 141
6.1 Síntese 141
6.2 Conclusões 143

REFERÊNCIAS 145

PREFÁCIO

Quem quiser pesquisar o tema da prorrogação das concessões de serviço público encontrará imensa dificuldade em obter material significativo em obras com mais de 10 anos. Mesmo as escritas após a edição da Lei Geral de Concessões (Lei nº 8.987/1995) pouco tratam do tema. A literatura jurídica tradicional e a contemporânea, até bem pouco tempo, quase sempre se limitavam a simplesmente referir a possibilidade de se prorrogar contratos de concessão, algo que passou a ser previsto, inclusive, no próprio texto constitucional.

O tema também merecia pouco desenvolvimento em leis setoriais e contratos de concessão. As leis que disciplinam setores específicos praticamente reproduziam a mera admissibilidade de se prorrogar os contratos, muitas vezes apenas incluindo alguma limitação temporal ("por uma única vez", por exemplo). Até os contratos reservavam pouca atenção para a prorrogação. Quando admitida, por vezes, apenas se indicava essa possibilidade, sem previsão de condições, prazos ou procedimentos para sua implementação.

A realidade fez despertar maior interesse sobre o assunto. Nesta última década, com o fim das primeiras concessões outorgadas nos anos de 1990, algumas delas com cláusulas de prorrogação, surgiram diversas e instigantes dúvidas jurídicas. A prorrogação pode ser um direito do contratado? Como manter o equilíbrio econômico-financeiro original no novo período de exploração dos serviços? E, no que toca especialmente ao tema deste livro, quando é possível tomar a decisão de prorrogar um contrato de concessão?

A execução de contratos pouco esclarecedores sobre tais assuntos passou a ser objeto de disputas de interesses entre concessionárias e poder concedente, além de suscitar a análise e a revisão por órgãos de controle. Nessa esteira, surgiram pareceres técnicos, decisões judiciais, procedimentos arbitrais, aditivos contratuais e, também, os primeiros trabalhos acadêmicos voltados especificamente a compreender os problemas das prorrogações das concessões de serviço público.

O aprendizado amealhado com essas primeiras experiências também foi útil para incentivar um melhor tratamento contratual a ser dado ao tema. Novas concessões passaram a ser outorgadas com detalhamento contratual que, de certo modo, pautavam o entendimento sobre como deveriam ser enfrentadas as dúvidas que a aplicação prática havia proporcionado. Surgiu recentemente, portanto, material jurídico relevante sobre o tema das prorrogações de concessões de serviço público, com nível de aprofundamento inédito, a ser levantado, analisado, sistematizado e criticado.

Apesar disso, nem sempre a produção de textos jurídicos acompanha essa sensível mudança no cenário onde está inserido seu objeto de estudo. Apegada a uma técnica de produção que prima pela autorreferência, a literatura jurídica nacional por vezes demora a espelhar a riqueza e a atualidade que oxigenam tema debatidos no passado. Muitas vezes ignora as novas fontes de informação e "renova" sua produção a partir da reprodução de textos mais antigos. Como resultado, em regra, obtém-se uma produção artificial, que não dialoga com os problemas reais a serem enfrentados, quando não os ignora por completo, fazendo alusões a assuntos que não refletem a realidade normativa.

Ao escolher o tema de seu trabalho de conclusão do mestrado, produção acadêmica que deu origem a este livro, Felipe Miranda Ferrari Picolo foi alertado do desafio que estava por assumir. Falar sobre prorrogação de contratos de concessão e, mais ainda, especificamente sobre a possibilidade de sua prorrogação antecipada, significaria abrir mão, de partida, de um confortável diálogo com alguma literatura jurídica preexistente que abordasse as questões relevantes sobre seu objeto de estudo. Para explicar o fenômeno da prorrogação antecipada de concessões, o trabalho não poderia se limitar a expor ou mesmo a criticar as raras passagens escritas num passado distante. Esse tema simplesmente não frequentou a agenda da produção jurídica no Brasil a ponto de merecer as reflexões que hoje estão sendo produzidas pelos aplicadores do Direito. Felipe não só aceitou o desafio, como produziu uma dissertação que certamente passará a ser referência sobre o tema.

Em termos metodológicos, vale destacar a capacidade do autor em construir uma narrativa própria, a partir de fontes de pesquisa relevantes, mas nem sempre devidamente valorizadas nos meios acadêmicos. Sem dispor de referências bibliográficas suficientes, o trabalho foi conduzido a partir da identificação dos problemas reais que a matéria propõe. Para identificá-los e enfrentá-los, foram estudadas e sistematizadas as leis recentemente aprovadas que versaram sobre a prorrogação antecipada de concessões. Outra fonte importante para a identificação dos problemas veio da observação de manifestações de órgãos de controle, especialmente do Tribunal de Contas da União, além de debates sobre a constitucionalidade do instrumento levados ao Supremo Tribunal Federal. Esses precedentes fornecem diálogos jurídicos relevantes, dialéticos, a partir dos quais foi possível identificar conjecturas e refutações sobre a validade e a conveniência de se adotar a prática da prorrogação antecipada dos contratos.

A pesquisa, se fosse encerrada com esse criterioso levantamento, já seria utilíssima, mas não ficou por aí. O autor, agora sim buscando apoio em lições já consagradas e respeitadas na literatura jurídica, propõe as suas próprias conclusões a respeito dos debates identificados em sua pesquisa, bem como aponta uma lista de requisitos e de boas práticas que seriam exigíveis para a utilização da prorrogação antecipada.

Esse repositório de achados de pesquisa e proposições foram organizados em sequência temática coerente e lógica. No primeiro capítulo foi explicada a origem causal do tema: a necessária fixação de um prazo máximo de vigência nas concessões de serviço público, explicando-se sua racionalidade e o tratamento conferido ao assunto no ordenamento jurídico nacional. Na sequência, chega-se à explicação e à fixação dos conceitos que dizem respeito diretamente ao tema do livro: a prorrogação desses contratos. Aqui, além da definição do instituto, são indicadas suas repercussões no equilíbrio econômico-financeiro desses contratos, as espécies de prorrogação e o difícil balanceamento entre sua admissibilidade e o dever de licitar. O terceiro capítulo expõe a especificidade da prorrogação que venha a ser entabulada antecipadamente. O que se deve entender por esse tipo específico de prorrogação e suas exigências formais. O corpo essencial do livro, em minha opinião, é desenvolvido no capítulo quarto, quando estão dispostas quais são, na visão do autor, as condições jurídicas para viabilizar uma prorrogação antecipada válida. O quinto capítulo é uma extensão do quarto, pois realça aquele que seria um dos requisitos mais relevantes para a viabilidade da operação: a fixação de contrapartidas a serem assumidas pela concessionária, de modo a justificar a antecipação da decisão de prorrogar. Nesse tópico o autor aponta, com base na experiência coletada em suas buscas, exemplos de contrapartidas já empregadas para viabilizar a antecipação da extensão do prazo de outorga. Para finalizar, há capítulo de síntese e conclusões, que resume as principais propostas lançadas ao longo do livro.

Acompanhei a elaboração deste trabalho como seu orientador, no programa de mestrado da Faculdade de Direito da Pontifícia

Universidade Católica de São Paulo. Ele foi defendido brilhantemente e aprovado perante banca composta pelos professores Christianne Stroppa, minha colega da PUC/SP, e André Rosilho, da Escola de Direito da FGV/SP. Com esse trabalho, fruto do esforço e do talento de seu autor, o grupo de pesquisa em temas contemporâneos das contratações públicas cumpre o seu papel, contribuindo para o tratamento acadêmico sério de um desafio atual e relevante das relações contratuais entre poder público e iniciativa privada.

A dissertação, produto de um curso mestrado levado a sério pelo seu autor, agora se transforma em livro pela competente e criteriosa editoria da Fórum. É o merecido destino de um esforço de pesquisa que pode passar as fronteiras acadêmicas e auxiliar concretamente na compreensão e na aplicação desse instrumento por autoridades administrativas e agentes econômicos envolvidos com concessões de serviços públicos.

Jacintho Arruda Câmara
Professor da Faculdade de Direito da Pontifícia Universidade Católica de São Paulo (PUC-SP).

INTRODUÇÃO

O objeto desta obra é o estudo sobre a prorrogação antecipada dos contratos de concessão de serviços públicos no direito brasileiro. Isto é, a possibilidade de ampliação da vigência dos contratos de concessão, por comum interesse entre concessionária e poder concedente, em momento consideravelmente anterior ao vencimento do prazo pactuado.

O fator temporal é o elemento central da antecipação das prorrogações contratuais, em especial para diferi-la das prorrogações ordinárias, quando a ampliação do prazo de vigência ocorre próximo ao seu vencimento. Em concessões de serviços públicos regidas por atos normativos que dispõem explicitamente sobre as prorrogações antecipadas, é possível identificar os fatos que enquadram a prorrogação como antecipada (zona de certeza positiva) e as situações que se afastam desse enunciado (zona de certeza negativa).

Para os casos em que não há legislação específica, o enquadramento da prorrogação como antecipada dependerá das particularidades do ato da prorrogação. Esta obra tem por objetivo analisar as prorrogações antecipadas de concessões de diferentes serviços públicos para, então, avaliar se há um regime jurídico único ou mínimo aplicável aos contratos de concessão de serviços públicos, inclusive para serviços públicos que não estejam sujeitos a atos normativos específicos sobre o tema.

As prorrogações antecipadas têm sido analisadas com maior profundidade – por acadêmicos, tribunais e órgãos de controle – na atualidade. Em primeiro lugar, porque a vigência original de parte dos contratos de concessão pactuados na década de 1990 está se aproximando do fim. Com isso, o poder concedente poderá retomar os bens e os serviços, assumindo a prestação direta do serviço público; realizar nova licitação e delegar novamente a prestação do serviço público, com a criação de um novo contrato; ou prorrogar a vigência dos contratos existentes, caso haja predisposição existente desde o início da relação jurídica para ampliar o vínculo.

Em segundo lugar, porque, desde a última década, a legislação tem evoluído para dispor sobre a possibilidade de as partes anteciparem os efeitos de uma prorrogação ordinária. Isso tanto para contratos existentes quanto para contratos futuros, e em diferentes serviços públicos e níveis de federação. Com a evolução normativa, surgem debates sobre os requisitos autorizadores das prorrogações antecipadas – especialmente o que justificaria a sua antecipação –, os procedimentos inerentes à sua formalização e as possíveis contrapartidas para a ampliação da relação jurídica.

Nessa perspectiva, situaremos a prorrogação antecipada no espectro das prorrogações dos contratos de concessão de serviços públicos, identificando a legislação aplicável; os elementos norteadores do instituto; as diferenças entre a prorrogação antecipada e as demais modalidades de prorrogações; o dever de licitar da Administração Pública; as condições para realizar a prorrogação antecipada; e em qual medida poderão ser incluídas contrapartidas à prorrogação dos contratos.

O recorte normativo deste estudo perpassa atos normativos federais identificados em pesquisa legislativa que disponham expressamente sobre as prorrogações antecipadas. Ainda, analisar-se-á a legislação federal aplicável a serviços públicos que não tratem explicitamente sobre a prorrogação antecipada, como é o caso do setor de telecomunicações, para avaliar o possível enquadramento de um regime jurídico de prorrogação na modalidade antecipada.

Em relação aos precedentes analisados, concentrar-se-á em decisões dos tribunais superiores (Superior Tribunal de Justiça e Supremo Tribunal Federal) e do Tribunal de Contas da União para identificar e analisar as discussões sobre as prorrogações antecipadas.

Compreendem, portanto, o objetivo principal da obra: (i) a delimitação dos contornos jurídicos da prorrogação antecipada, levando em conta a normatização e precedentes administrativos e judiciais; e (ii) a formulação de resposta à seguinte questão: *há um regime jurídico das prorrogações antecipadas no direito brasileiro?* A pesquisa se concentra essencialmente no estudo, sob o enfoque analítico, da produção acadêmica, da legislação e de precedentes sobre as prorrogações de contratos de concessão de serviços públicos.

Este livro foi estruturado em seis capítulos: o primeiro introduz o debate das prorrogações no contexto dos prazos de vigências de contratos de concessões de serviços públicos. O segundo capítulo expõe a prorrogação contratual enquanto gênero e as suas modalidades enquanto espécie, aproximando a prorrogação antecipada da prorrogação ordinária e a afastando das demais modalidades.

Adiante, o terceiro capítulo discorre sobre as prorrogações antecipadas, trazendo características próprias do instituto: a sua origem no ordenamento jurídico brasileiro; a definição que podemos extrair a partir da análise legal e jurisprudencial; debates a respeito da necessidade ou não de lei autorizativa específica para autorizar as partes a antecipar a prorrogação dos contratos de concessão, entre outros elementos centrais do tema.

Enquanto o quarto capítulo dedica-se aos requisitos das prorrogações antecipadas – entre os requisitos gerais e aplicáveis a qualquer contrato de concessão e requisitos específicos a serviços públicos submetidos à legislação setorial –, o quinto capítulo sistematiza as principais contrapartidas presentes na experiência com esse instituto. Por fim, o capítulo sexto traz as considerações finais e as conclusões do estudo.

CAPÍTULO 1

CONCESSÃO DE SERVIÇO PÚBLICO E PRAZO DE VIGÊNCIA

1.1 Considerações iniciais

Para analisar as prorrogações antecipadas dos contratos de concessão de serviço público, é fundamental definir alguns conceitos que serão adotados diversas vezes nos próximos capítulos para evitar repetições desnecessárias e para elucidar o referencial teórico utilizado como premissa para expor o que se pretende neste trabalho.

Ainda que não seja objeto do estudo, deve-se apresentar os conceitos de *serviço público* e *concessão de serviço público* que serão empregados ao longo dos capítulos. Não se sopesará diferentes critérios para eleger aquele como mais adequado para conceituar os institutos que trabalharemos a seguir, mas adotar-se-á aquele que será mais útil ao objetivo metodológico deste estudo.

O conceito de *serviço público* pode ser definido segundo três diferentes critérios: subjetivo (ou orgânico), material (ou objetivo ou funcional) e formal. Pelo critério subjetivo, considera-se o serviço público de forma ampla como um complexo de organizações, entes, órgãos e agentes que constituem a estrutura do Estado.[1] Nesse caso, o serviço público representaria as atividades desempenhadas pelo Poder Público.

---

[1] Pode-se citar Diogo Freitas do Amaral, em Portugal, para elucidar o critério subjetivo do serviço público: "Os serviços públicos são organizações humanas, isto é, são estruturas administrativas acionadas por indivíduos, que trabalham ao serviço de certa entidade pública" (Diogo Freitas do Amaral. *Curso de direito administrativo*. 3. ed. vol. 1, Coimbra: Almedina, 2006. p. 792). Este conceito sofreu alterações ao longo do tempo em razão da natureza de certas atividades desempenhadas pelo Estado, que não constituíam serviço

O critério material, por sua vez, considera a atividade exercida, cujo objeto é a satisfação das necessidades coletivas. Ao contrário do critério subjetivo, o sujeito que presta as atividades não é relevante. Aceita-se, portanto, a prestação de serviços públicos por pessoas alheias à estrutura do Estado, desde que voltadas à realização de um interesse coletivo.[2]

O terceiro e último critério (formal) considera como serviço público a existência de um regime jurídico especial, que o diferencia das atividades econômicas em sentido estrito. Será considerada serviço público a atividade sujeita ao regime de direito público derrogatório e exorbitante do direito comum.[3] Adotar-se-á esse critério nas referências a serviço público neste trabalho, sobretudo para evitar a subjetividade dos demais critérios e para pautar as análises em atividades que têm tratamento normativo especial e, logo, são consideradas como serviços públicos.

Impõe-se, ainda, definir outro conceito que será utilizado neste estudo: as *concessões de serviço público*. Elas representam a delegação da prestação de atividades de serviços públicos, titularizadas pela Administração Pública federal, estadual, distrital e municipal, a terceiros.[4] Mais do que isso, as concessões de serviço público traduzem a

---

público, e pela prestação de atividades estatais por pessoas privadas. Nesse sentido, "Operou-se, então, uma manifesta evolução dentro do critério orgânico: enquanto no princípio só se concebia o serviço público prestado por entes estatais, passou-se a admitir sua prestação por entes ou pessoas privadas (concessionárias)" (Dinorá Adelaide Musetti Grotti. *O serviço público e a Constituição Brasileira de 1988*. São Paulo: Malheiros, 2003. p. 44).

[2] "O serviço público, com base no critério material (também designado como objetivo ou funcional), consiste numa atividade voltada para a satisfação de necessidades coletivas. Alguns autores – como Ruy Cirne Lima – chegam até a dizer que serviços públicos são apenas os serviços essenciais à sociedade. Independentemente disso, o que vale destacar é que, pelo critério material, pouco importa quem executa a atividade, se um ente público ou privado; se ela estiver voltada para a realização de um interesse geral, de uma necessidade coletiva ou utilidade pública, será um serviço público" (André Luiz Freire. *O regime de direito público na prestação de serviços públicos por pessoas privadas*. São Paulo: Malheiros, 2014. p. 216).

[3] "O segundo elemento, formal, isto é, a submissão a um regime de Direito Público, o regime jurídico-administrativo, é que confere caráter jurídico à noção de serviço público. Sua importância, pois, é decisiva" (Celso Antônio Bandeira de Mello. *Curso de direito administrativo*. 35. ed. São Paulo: Malheiros, 2021. p. 661).

[4] "Os serviços públicos são de titularidade do Poder Público (União, Estados, Distrito Federal e Municípios). Seu exercício pode ser delegado a entidades privadas ou vinculadas ao Poder Público (estas, em regra, sociedades de economia mista ou empresas públicas). A titularidade de um serviço público é sempre do Poder Público. Quando se diz que um serviço público é concedido, está-se a dizer que seu exercício foi delegado a uma empresa, estatal ou privada. A concessão caracteriza-se, assim, como instrumento jurídico de prestação indireta, pelo Poder Público, de serviço público ao usuário. Prestação indireta,

estratégia de atuação do Estado no sentido da composição de interesses múltiplos.[5] Por intermédio dos contratos de concessão de serviço público, conciliam-se os interesses das concessionárias, que almejam o lucro, com os interesses do Estado em prover serviços públicos à sociedade.[6]

No plano normativo, as concessões de serviço público estão previstas na Constituição Federal, a qual estabelece que incumbe ao Poder Público a prestação de serviços públicos, na forma da lei, diretamente ou sob regime de concessão ou permissão e sempre precedida de licitação.[7] O texto constitucional ainda destaca determinados serviços públicos que podem ser explorados diretamente pela União ou por terceiros mediante autorização, concessão ou permissão.[8] Demais matérias atinentes às concessões estão sujeitas ao tratamento em lei.[9]

---

essa, que se faz por intermédio de empresa estatal ou privada" (Antônio Carlos Cintra do Amaral. *Concessão de serviço público*. 2. ed. rev., atual e ampl. São Paulo: Malheiros, 2002. p. 21).

[5] "Não seria exagero afirmar que a concessão de serviço público é uma tentativa de composição entre alternativas radicalmente diversas. Trata-se de uma espécie de meio termo entre concepções opostas e contraditórias. O instituto da concessão de serviço público é a via para organizar interesses potencialmente antagônicos, buscando assegurar a realização conjunta e concomitante de finalidades e interesses tendencialmente excludentes" (Marçal Justen Filho. *Teoria geral das concessões de serviço público*. São Paulo: Dialética, 2003. p. 11).

[6] "Concessão de serviços públicos é um instituto por via do qual o titular do serviço – o concedente –, não podendo ou não querendo arcar com as despesas inerentes à prestação dele ou até mesmo (como ocorria no passado entre nós) simplesmente por carecer da aptidão tecnológica para seu desempenho ou a suficiência gerencial necessária, transfere a outrem – o concessionário – os encargos de desempenhá-lo por sua conta, risco e perigos, o qual se remunerará pela exploração da atividade, normalmente captando o correspectivo dela junto aos usuários do serviço, e desfrutará da garantia de um equilíbrio econômico-financeiro assegurada pelo concedente" (Celso Antônio Bandeira de Mello. *Serviço público e concessão de serviço público*. São Paulo: Malheiros, 2017. p. 95).

[7] Artigo 175, *caput*, da Constituição Federal.

[8] Artigo 21 da Constituição Federal: "Compete à União: [...] XI – explorar, diretamente ou mediante autorização, concessão ou permissão, os serviços de telecomunicações, nos termos da lei, que disporá sobre a organização dos serviços, a criação de um órgão regulador e outros aspectos institucionais; XXI – explorar, diretamente ou mediante autorização, concessão ou permissão: a) os serviços de radiodifusão sonora, e de sons e imagens e demais serviços de telecomunicações; a) os serviços de radiodifusão sonora, e de sons e imagens; b) os serviços e instalações de energia elétrica e o aproveitamento energético dos cursos de água, em articulação com os Estados onde se situam os potenciais hidroenergéticos; c) a navegação aérea, aeroespacial e a infra-estrutura aeroportuária; d) os serviços de transporte ferroviário e aquaviário entre portos brasileiros e fronteiras nacionais, ou que transponham os limites de Estado ou Território; e) os serviços de transporte rodoviário interestadual e internacional de passageiros; f) os portos marítimos, fluviais e lacustres;".

[9] Artigo 175, parágrafo único, da Constituição Federal: "A lei disporá sobre: I - o regime das empresas concessionárias e permissionárias de serviços públicos, o caráter especial de seu contrato e de sua prorrogação, bem como as condições de caducidade, fiscalização e rescisão da concessão ou permissão; II - os direitos dos usuários; III - política tarifária; IV - a obrigação de manter serviço adequado".

A Lei nº 8.987/1995 foi publicada para dispor sobre o regime jurídico geral das concessões e permissões de serviços públicos e forneceu a definição legislativa formal para o conceito "concessão de serviço público".[10] Essa lei ordinária ainda criou diretrizes sobre as concessões de serviço público, tal como o pressuposto do serviço adequado para pleno atendimento dos usuários, direitos e obrigações dos usuários, concessionárias e poder concedente, política tarifária e temas afetos à licitação e ao contrato de concessão de serviço público.

De um lado, os contratos instituem obrigações de prestação de serviço adequado aos usuários, mediante cobrança de tarifas e receitas acessórias. De outro, a relação jurídica deve conter garantias que assegurem à concessionária a preservação do equilíbrio econômico-financeiro entre os encargos e a remuneração por ela percebida.

A manutenção do equilíbrio econômico-financeiro ou, como se convencionou em parte da doutrina,[11] da relação de equivalência entre a remuneração e os encargos atribuídos às partes é elemento essencial dos contratos de concessão. Tal direito visa à proteção dos investimentos contra possíveis expropriações, como também à criação de um ambiente saudável que assegure a continuidade dos serviços concedidos e a atração de novos investidores.[12]

---

[10] Artigo 2º da Lei nº 8.987/1995: "Para fins do disposto nesta Lei, considera-se: [...] II – concessão de serviço público: a delegação de sua prestação, feita pelo poder concedente, mediante licitação, na modalidade concorrência, à pessoa jurídica ou consórcio de empresas que demonstre capacidade para seu desempenho, por sua conta e risco e por prazo determinado". Essa definição foi ligeiramente alterada após a promulgação da Lei nº 14.133, de 1º de abril de 2021, para prever que a concessão de serviço público pode ser formalizada mediante licitação na modalidade diálogo competitivo.

[11] Não constitui objeto deste estudo analisar as teorias relacionadas à equação econômico-financeira dos contratos de concessão de serviço público. Entretanto, convém destacar a existência de posicionamentos divergentes sobre o fundamento dessa teoria. De um lado, há quem sustente que a expressão *mantidas as condições efetivas da proposta*, prevista no artigo 37, XXI, da Constituição Federal, seria o fundamento de validade constitucional ao equilíbrio econômico-financeiro dos contratos de concessão de serviços públicos. De outro lado, há quem refute essa posição, alegando que o artigo 37, XXI, da Constituição Federal (i) não incide sobre as relações jurídicas das concessões de serviços públicos, (ii) tampouco trataria sobre o equilíbrio econômico-financeiro, mas sim sobre o princípio do *pacta sunt servanda*. Para estes últimos, o fundamento do equilíbrio econômico-financeiro nas concessões estaria disposto no artigo 9º da Lei nº 8.987/1995.
Sobre esses debates, v. Letícia Lins de Alencar. *Equilíbrio na concessão*. Belo Horizonte: Fórum, 2019. p. 63-87; Gustavo Kaercher Loureiro. *Estudos sobre o regime econômico-financeiro de contratos de concessão*. London: Laccademia Publishing, 2020. p. 92-112.

[12] "[N]ão se está diante tão só da igualdade quantitativa entre receitas e despesas (o que só pode ser considerado em abstrato), mas sim da equação estabelecida entre o custo de oportunidade do capital, o investimento realizado, os fluxos de receita e despesas e respectivas projeções de longo prazo. Tudo isso definido em certo momento fático,

Para além dos encargos assumidos pela concessionária e da remuneração prevista no contrato de concessão de serviço público, outro fator deve ser levado em consideração para a formação da equação econômico-financeira: o *prazo de vigência*.

1.2 A função dos prazos nas concessões de serviço público

A estruturação de projetos de concessão de serviço público envolve a análise técnica e econômico-financeira para verificar o tempo necessário para que a concessionária cumpra as obrigações contratuais e obtenha o retorno esperado pela exploração do objeto da delegação.[13] Essa avaliação deve ser elaborada na fase preparatória da licitação, sopesando-se os encargos atribuídos à concessionária e a projeção de receita por tarifas e receitas acessórias.

Não obstante, a definição do prazo da concessão também é influenciada pela conveniência do poder concedente de decidir por quanto tempo a concessionária poderá explorar o serviço público. Em outras palavras: o prazo será definido após a estruturação da concessão pelo poder concedente, que levará em consideração os estudos técnicos, projeções econômicas e, também, o período necessário para a concessionária realizar os investimentos em bens da concessão e amortizá-los.

Haverá casos em que os investimentos não serão vultosos, mas em que haverá interesse do poder concedente em delegar o serviço público a pessoa privada. Nesses casos, o prazo corresponderá ao tempo em que o poder concedente optar por manter a delegação com

---

que dispunha de específico arcabouço institucional e positivou específica matriz de alocação de riscos. Ora, o equilíbrio econômico-financeiro 'se dá quando o capital destinado a um negócio é remunerado a uma taxa que compense não só o custo normal de oportunidade do capital mas também o risco do negócio'. Está-se a discorrer sobre custos (de oportunidade e administrativos), riscos, investimentos, amortizações e lucros. Não se trata, portanto, de singela equação com duas ou mais variáveis estáticas no tempo e espaço" (Egon Bockmann Moreira. *Direito das concessões de serviço público*: (concessões, parcerias, permissões e autorizações). 2. ed. Belo Horizonte: Fórum, 2022. p. 365).

[13] "A definição do prazo da concessão de serviço público é tarefa das mais sensíveis, pois o tempo do vínculo entre concedente e concessionário é elemento essencial para o delineamento da equação econômico-financeira do contrato. Afinal, é no prazo estipulado no instrumento contratual que o concessionário deve obter o retorno esperado por sua atuação, aí incluídas a amortização do seu investimento e a sua remuneração, tendo o particular direito à indenização em caso de rompimento prematuro do vínculo" (Rafael Munhoz de Mello. Prorrogação de concessão de serviço público. *Revista de Direito Público da Economia - RDPE*, Belo Horizonte, ano 12, n. 46, p. 207-222, abr./jun. 2014. p. 209). Idem, Celso Antônio Bandeira de Mello. *Curso de direito administrativo*. p. 703.

a concessionária (ainda que somente para a realização de investimentos na manutenção do bem público). Esse será o caso da delegação da prestação do serviço público à concessionária por prazo considerável, para que o poder concedente não tenha que assumir os custos e as respectivas responsabilidades pela prestação direta do serviço por tal período ou para evitar a condução de novo processo de licitação a curto ou médio prazo.[14]

A definição inadequada dos prazos de vigência dos contratos de concessão poderá resultar em prazos de vigência menores ou maiores do que o necessário para a amortização dos investimentos da concessionária, entre despesas de capital e despesas operacionais em bens da concessão.

Caso a vigência da concessão seja insuficiente para que a concessionária amortize os seus investimentos e obtenha os resultados financeiros esperados, é de se esperar que a licitação não tenha potenciais interessados, tornando-se deserta. E, ainda que algum licitante assuma o risco do prazo de vigência previsto no instrumento contratual, a concessionária poderá ter a sua remuneração frustrada, comprometendo o fluxo de caixa do projeto.

Dessa forma, a concessionária não obterá receitas tarifárias ou receitas acessórias para fazer frente aos investimentos realizados em bens reversíveis da concessão. Ou seja, ao final do prazo de vigência original da concessão, haverá investimentos feitos pela concessionária que ainda não terão sido amortizados com o lapso temporal da concessão.

E, caso a concessão seja extinta pelo decurso do prazo contratual original, o poder concedente terá o dever de indenizar a concessionária pelas parcelas dos investimentos vinculados aos bens reversíveis e não amortizados ou depreciados até o advento do termo contratual.[15] [16] Trata-se de uma resolução gravosa ao poder concedente e ao seu

---

[14] "Por conseguinte, o prazo de cada contrato de concessão não se desvincula das demais variáveis que integram o núcleo do equilíbrio econômico-financeiro do contrato, configurando elemento que pode variar significativamente, a depender da natureza do projeto, das escolhas públicas de ordem financeira, política, social e técnica, além das características intrínsecas de cada segmento econômico" (Flávio Amaral Garcia. *A mutabilidade nos contratos de concessão*. 2. ed. rev., atual. São Paulo: Juspodivm, 2023. p. 254).

[15] Artigo 36 da Lei nº 8.987/1995: "A reversão no advento do termo contratual far-se-á com a indenização das parcelas dos investimentos vinculados a bens reversíveis, ainda não amortizados ou depreciados, que tenham sido realizados com o objetivo de garantir a continuidade e atualidade do serviço concedido".

[16] "Em princípio, por ocasião do término do prazo contratual todos os investimentos já terão sido amortizados ou depreciados. Foi exposto acima, no capítulo referente ao prazo da concessão, que este deverá ser determinado em função da amortização dos

orçamento, afinal, o instituto da concessão de serviço público pressupõe que as receitas da concessionária derivam da tarifa cobrada dos usuários (além das receitas acessórias).

Situação diversa ocorrerá quando o prazo de vigência da concessão for estimado além do necessário. Nessa hipótese, o superdimensionamento da vigência contratual fará com que a concessionária execute os investimentos contratualmente previstos e passe a explorar as receitas tarifárias e acessórias da concessão por um longo período, sem obrigações para realizar novos investimentos. Isso afetará a prestação do serviço adequado aos usuários em médio e longo prazo e criará benefícios indevidos à concessionária.[17]

A prestação do serviço adequado pressupõe as condições de regularidade, continuidade, eficiência, segurança, atualidade, generalidade, cortesia na sua prestação e modicidade das tarifas.[18] Uma concessão do setor aeroportuário, por exemplo, pode prever como investimento obrigatório a construção de um novo terminal de passageiros e melhorias no entorno do complexo aeroportuário. Ao realizar esses investimentos no início da concessão, a concessionária não será compelida a construir novos terminais ou ampliá-los, o que poderá resultar em diversos problemas com o decurso dos anos da concessão, especialmente em razão do aumento de demanda e desatualização tecnológica.

---

investimentos a serem efetuados. O poder concedente não estabelece um prazo a seu exclusivo arbítrio. Prazo de concessão e equação econômica do contrato devem estar intimamente relacionados. Assim, extinto o prazo da concessão não deverá existir nada mais a indenizar. O prazo contratual, porém, é dimensionado em função de uma previsão inicial dos investimentos necessários. Em um contrato de longa duração, como costuma ser o contrato de concessão, novos e imprevistos investimentos são efetuados durante sua execução, inclusive no final da concessão, a fim de, como diz a lei (art. 36), 'garantir a continuidade e atualidade do serviço concedido'. Esses investimentos, cuja necessidade se evidencia com frequência na segunda metade do prazo da concessão, podem ser insuscetíveis de amortização no prazo estabelecido inicialmente. Se não for garantido à concessionária o retorno da totalidade dos investimentos efetuados, ela não os fará, com isso prejudicando os legítimos interesses dos usuários" (Antônio Carlos Cintra do Amaral. *Concessão de serviço público*, p. 100-101).

[17] "Caso o prazo seja maior do que o estritamente necessário para a amortização dos investimentos, cria-se um privilégio injustificável para a sociedade empresária contratada, que passa a explorar o objeto com expectativas de obtenção de lucro que tornam o serviço ou a infraestrutura pública um veículo de maximização indevida dos seus ganhos" (Flávio Amaral Garcia. *A mutabilidade nos contratos de concessão*. p. 255).

[18] Artigo 6º, §1º, da Lei nº 8.987/1995: "Serviço adequado é o que satisfaz as condições de regularidade, continuidade, eficiência, segurança, atualidade, generalidade, cortesia na sua prestação e modicidade das tarifas".

Em resumo, a insuficiência de investimentos em melhorias no serviço público durante grande parte da concessão tornará a sua prestação desatualizada. O poder concedente poderá determinar alterações unilaterais no contrato de concessão impondo que a concessionária execute novos investimentos para manter o serviço adequado. Nesse caso, contudo, a concessionária terá direito ao reequilíbrio econômico-financeiro do contrato de concessão, podendo haver o aumento das tarifas cobradas dos usuários, indenização pelo poder concedente ou ampliação (ainda maior) do prazo da concessão.

Percebe-se, portanto, que o prazo de vigência constitui elemento fundamental da equação econômico-financeira, cuja definição deriva de análises técnicas da fase preparatória das licitações. A modelagem da concessão que não estruturar adequadamente o projeto e o seu prazo de vigência poderá gerar prejuízos à concessionária, ao poder concedente e aos usuários.

1.3 O prazo das concessões de serviço público na legislação

A Constituição Federal não contém previsões sobre prazo e prorrogações dos instrumentos contratuais de concessões de serviços públicos. A opção do constituinte foi no sentido de que a lei, e não a Constituição Federal, deveria disciplinar esse regime.

Dessa forma, a Lei nº 8.987/1995 foi editada para regulamentar a norma constitucional e dispor sobre o regime geral das concessões permissões de serviços públicos. Esse ato normativo não exaure o tema dos prazos de vigência dos contratos de concessão, limitando-se a enquadrar o prazo da concessão e as condições para a sua prorrogação como cláusulas essenciais dos editais de licitação e dos respectivos contratos.[19]

A legislação geral tampouco fixa um prazo mínimo ou máximo para os contratos de concessão de serviço público. E nem sequer poderia tê-lo feito, afinal, a competência para disciplinar como a outorga do serviço público será instrumentalizada, inclusive em relação ao prazo de vigência e às condições de sua prorrogação, é atribuída ao titular do

---

[19] Artigo 23 da Lei nº 8.987/1995: "São cláusulas essenciais do contrato de concessão as relativas: I – ao objeto, à área e ao prazo da concessão; [...] às condições para prorrogação do contrato; [...]".

serviço público.[20][21] Essa tese é reforçada ao analisarmos outra norma constitucional, que atribui à União a competência privativa para legislar sobre normas gerais de licitação e contratação, em todas as modalidades, para as Administrações Públicas, diretas, autárquicas e fundacionais da União, Estados, Distrito Federal e Municípios.[22]

É dizer, a Constituição Federal atribuiu competência à União para estabelecer diretrizes sobre licitações e contratações públicas. Normas específicas relativas a esses temas poderão ser editadas pelos demais entes da Federação (Estados, Distrito Federal e Municípios) pelo fato de esses entes políticos serem titulares da prestação dos serviços públicos.[23]

---

[20] "À falta de disposição legal, a matéria restou entregue à discrição do Legislativo dos diversos poderes concedentes, os quais, em norma específica ou ao concederem autorização para os respectivos Executivos outorgarem concessão de tal ou tais serviços, fixarão o prazo máximo específico que reputem adequado. É claro que, nos casos em que já exista lei fixando o prazo máximo em relação à concessão de determinado serviço, este permanece em vigor" (Celso Antônio Bandeira de Mello. *Curso de direito* administrativo. p. 702). Em sentido contrário, v. Bernardo Strobel Guimarães. O prazo nas concessões e as normas que estipulam vigência máxima do vínculo: algumas inquietações. In: Egon Bockmann Moreira (Coord.). *Contratos administrativos, equilíbrio econômico-financeiro e a taxa interna de retorno*: a lógica das concessões e parcerias público-privadas. Belo Horizonte: Fórum, 2016. p. 47-59.

[21] Apesar de não constituir objeto de análise deste trabalho, é importante destacar que a Lei nº 11.079/2004 (a Lei de PPPs) impõe prazo mínimo de 5 anos e máximo de 35 anos para os contratos de concessão administrativa e patrocinada (artigo 5º, I). Nestas espécies de concessões, ao contrário das concessões comuns regidas pela Lei nº 8.987/1995, há o desembolso de recursos públicos para o pagamento da remuneração do parceiro privado. O legislador ordinário, portanto, optou por limitar a duração dos contratos de PPP por razões orçamentárias. Nesse sentido, "A limitação a 35 anos de vínculo, incluindo eventual prorrogação, é coerente com a característica mais marcante dessas espécies de concessão: o uso de recursos orçamentários para o pagamento (parcial ou total) do concessionário. Como há nesse tipo de vínculo comprometimento de recursos orçamentários, é conveniente indicar um horizonte certo para que se reestabeleça uma avaliação de compatibilidade do modelo contratual com a conjuntura orçamentária do ente contratante e, se for o caso de manter o modelo de contratação, se obrigar a fazê-lo por meio de nova licitação" (Jacintho Arruda Câmara; Irene Patrícia Nohara. *Tratado de direito administrativo*: licitações e contratos administrativos, v. 6. 2. ed. São Paulo: Revista dos Tribunais, 2019).

[22] Artigo 22, XXVII, da Constituição Federal.

[23] "A Constituição Federal, no art. 175, parágrafo único, consoante já mencionado, previu a elaboração de lei que viesse a dispor sobre concessão e permissão de serviço público, nos vários aspectos referidos nos incisos de I a IV. Não exigiu o dispositivo que se tratasse de lei federal, o que permite concluir que cada esfera de governo tem competência própria para legislar sobre a matéria. No entanto, há que se observar que o art. 22, inciso XXVII, da Constituição incluiu entre as matérias de competência privativa da União as que estabeleçam 'normas gerais de licitação e contratação, em todas as modalidades, para as administrações públicas diretas, autárquicas e fundacionais da União, Estados, Distrito Federal e Municípios, obedecido o disposto no art. 37, XXI, e para as empresas públicas e sociedades de economia mista, nos termos do art. 173, §1º, III'. Conjugando-se os dois dispositivos, chega-se à conclusão de que a competência legislativa, nessa matéria, cabe à

Nos casos em que a União é o único ente político titular da prestação de um serviço público específico, a edição de atos normativos pode delimitar o prazo mínimo ou máximo dos contratos de concessão. Pode, pois essa possibilidade também estará inserida no campo de discricionariedade legislativa da União. Como exemplo, cita-se a prestação de serviços públicos de telecomunicações. Trata-se de serviço público de competência exclusiva da União que o explorará diretamente ou mediante autorização, concessão ou permissão.[24]

O ato normativo federal que dispõe sobre a organização dos serviços de telecomunicações, a criação e funcionamento de um órgão regulador e outros aspectos institucionais é a Lei nº 9.472/1997. De acordo com esse ato, os prazos de vigência das concessões estarão disciplinados no plano geral de outorgas, com definição quanto à divisão do país em áreas para a prestação do serviço de telecomunicações.[25] Contudo, apesar de delegar a competência para delimitar o prazo da outorga ao Poder Executivo, por meio de decreto, a Lei nº 9.472/1997 fixou o prazo máximo das concessões em 20 anos.[26]

Aqui não há usurpação de competência da União. Ela é o único ente político da federação com competência para dispor sobre os serviços públicos de telecomunicações. Como consequência, é legítima a fixação do prazo máximo das outorgas nesse setor.

Ainda como exemplo, a exploração dos serviços de transporte aquaviário entre portos brasileiros e fronteiras nacionais ou que transponham os limites de Estado ou Território, bem como a exploração de portos marítimos, fluviais e lacustres, também é de competência exclusiva da União.[27] Ao dispor sobre o tema, a Lei nº 12.815/2013 não estabeleceu prazo mínimo ou máximo para os contratos de concessão e de arrendamento das instalações portuárias.[28]

União, no que diz respeito às normas gerais, e aos Estados e Municípios, no que se refere às normas suplementares, com base no §3º, do art. 24 e no art. 30, inciso II, respectivamente. Por outras palavras, trata-se de matéria de competência concorrente da União, Estados e Municípios" (Maria Sylvia Zanella Di Pietro. *Parcerias na administração pública*: concessão, permissão, franquia, terceirização, parceria público-privada. 12. ed. Rio de Janeiro: Forense, 2019. p. 84-85).

[24] Artigo 21, XI, da Constituição Federal.
[25] Artigo 84, *caput*, da Lei nº 9.472/1997.
[26] Artigo 99, *caput*, da Lei nº 9.472/1997.
[27] Artigo 21, XXI, 'd' e 'f', da Constituição Federal.
[28] No setor portuário, as "concessões" se referem à cessão onerosa infraestrutura do porto organizado, para a administração e exploração por prazo determinado, enquanto o "arrendamento" diz respeito à cessão onerosa de área e infraestruturas públicas localizadas dentro do prazo organizado, para exploração por prazo determinado. Em

O regulamento da Lei nº 12.815/2013, por outro lado, tratou expressamente do prazo máximo aplicável aos contratos de concessão e de arrendamento. Aos contratos de concessão de portos organizados, os instrumentos não poderão superar a vigência de 70 anos, incluídos o prazo de vigência original e quaisquer eventuais prorrogações.[29] Por sua vez, os contratos de arrendamento de instalação portuária deverão ter prazos de vigência de até 35 anos, mas poderão ser prorrogados até o máximo de 70 anos.[30]

As leis estaduais e municipais que disciplinam as concessões de serviços públicos por vezes não estabelecem prazos mínimos e máximos para a delegação dos serviços. Tal como faz a lei federal, os atos normativos dos estados e municípios, como regra, limitam-se a definir que os prazos de vigência e as condições para a sua prorrogação serão cláusulas essenciais dos editais de licitação ou dos contratos de concessão.[31]

No caso do Estado de São Paulo, a Lei nº 7.835/1992 ainda prevê que o prazo do contrato de concessão, fixado no edital de licitação, deverá, em cada caso, atender ao interesse público e às necessidades ditadas pelo valor do investimento.[32] Há aqui uma remissão à essencialidade do prazo de vigência como elemento da equação econômico-financeira, ou seja, a relação entre os encargos assumidos pela concessionária e a remuneração a ser percebida pelas receitas tarifárias e acessórias.

A legislação fluminense sobre concessões e permissões de serviço público, por exemplo, estabelece o prazo máximo de vigência dos contratos de concessão em 25 anos, permitida a sua prorrogação por uma

---

outros termos: concede-se a gestão dos portos e se arrenda as instalações portuárias e a exploração das operações portuárias, como a armazenagem e movimentação de cargas (artigo 1º, §1º, e 2º, IX e XI, da Lei nº 12.815/2013). A distinção conceitual não altera o regime jurídico de direito público aplicável a ambos os casos: "A natureza jurídica do arrendamento é semelhante à da subconcessão de serviço público, restando este reforçado pelos novos dispositivos que traçam um mesmo regime jurídicos aos arrendamentos de bem público e concessões de porto organizado, sem vislumbrarmos grandes reflexos na introdução do termo 'bem público' à denominação do instituto" (Dinorá Adelaide Musetti Grotti; Cristiana Maria Melhado Araujo Lima. Diferenças entre terminais portuários de uso público e de uso privado. In: Cesar Pereira; Rafael Wallbach Schwind (Org.). *Direito portuário brasileiro*. 2. ed. rev., ampl. e atual. Belo Horizonte: Fórum, 2018. p. 160).

[29] Artigo 19, I, do Decreto nº 8.033/2013.
[30] Artigo 19, II, do Decreto nº 8.033/2013.
[31] É o caso, por exemplo, do artigo 8º, I, da Lei nº 7.835/1992 do Estado de São Paulo; do artigo 9º, §4º, I, da Lei nº 16.703/2017 do Município de São Paulo; do artigo 20, I, da Lei Complementar 37/1998 do Município do Rio de Janeiro; e do artigo 15, parágrafo único, I, da Lei nº 10.453/1991 do Estado de Minas Gerais.
[32] Artigo 10 da Lei nº 7.835/1992 do Estado de São Paulo.

única vez e por igual período.³³ O mesmo ato normativo prevê que o prazo da concessão deve atender ao interesse público e às necessidades exigidas pelo valor do investimento, visando à justa remuneração do capital investido, ao equilíbrio econômico-financeiro do contrato e à modicidade tarifária.³⁴

Nesse cenário, o Estado do Rio de Janeiro não poderá estabelecer um prazo de vigência superior a 25 anos. Como consequência, os encargos atribuídos à concessionária e a política tarifária da concessão deverão ser compatíveis com o prazo da exploração dos serviços públicos. E isso poderá ser um entrave aos projetos que demandem altos investimentos no início da concessão, enquanto a concessionária não aufere receitas (como ocorre sobretudo em novos empreendimentos) ou aqueles cujas tarifas não poderão ser praticadas em valores vultosos sob pena de afetar a demanda projetada e a receita da concessionária.³⁵ ³⁶

Haverá situações, em sentido oposto, em que os projetos de concessão não envolverão investimentos consideráveis pela concessionária, seja porque a exploração do serviço público não a requer, seja porque já existe infraestrutura disponível para a exploração. A fixação do prazo dependerá do juízo de conveniência e oportunidade do administrador, mas não estará relacionada diretamente ao prazo para a amortização dos investimentos pela concessionária.³⁷

---

[33] Artigo 3º, *caput*, da Lei nº 2.831/1997 do Estado do Rio de Janeiro.

[34] Artigo 3º, parágrafo único, da Lei nº 2.831/1997.

[35] "Situações de fato, todavia, podem limitar esta discricionariedade administrativa, tornando inviável o aumento tarifário como mecanismo de restabelecimento do equilíbrio contratual afetado. Isto ocorrerá sempre que o aumento da tarifa não corresponda um proporcional aumento de receita da concessionária. Seriam situações em que, devido à condição sócio-econômica dos usuários do serviço, a elevação do valor das tarifas traria uma queda na demanda pelo serviço e, consequentemente, a receita geral da empresa concessionária não seria beneficiada. O aumento potencial da receita, que em tese seria proporcionado com o aumento da tarifa, de fato não ocorreria. A situação econômica em que se insere a prestação daquela espécie de serviço público não comporta um aumento de tarifa como elemento apto a aumentar a receita da prestadora do serviço" (Jacintho Arruda Câmara. *Tarifa nas concessões*. p. 173).

[36] A legislação gaúcha, por sua vez, determinou que os contratos de concessão não poderão ter prazo superior a 30 anos, podendo, contudo, ser prorrogados até o máximo de 50 anos no total (artigo 4º, §1º, da Lei nº 10.086, de 24 de janeiro de 1994).

[37] "Há casos em que o serviço delegado não demanda maiores investimentos, ou envolve serviços para os quais a infraestrutura já existe (muitas vezes constituída pelo próprio ente titular dos serviços). Nessas hipóteses, a estipulação do prazo de duração dos contratos envolve mais a avaliação do tempo considerado ideal para estabelecer uma relação concessional, em que particular assuma a gestão de serviço público, do que, propriamente, a estipulação de um lapso para amortização de investimentos. A duração maior ou menor do prazo dependerá da avaliação da conveniência de se substituir com maior ou menor periodicidade o prestador de serviço público. Possíveis ganhos com a aplicação

Aqui não se questiona a constitucionalidade ou a legalidade dessas normas. Como mencionado, a Lei nº 8.987/1995, que contém normas de caráter geral, não determinou prazo mínimo ou máximo para os contratos de concessão de serviço público. Mas, para a prestação de serviços públicos específicos, cuja titularidade é da União, houve a delimitação dos prazos máximos, como vimos no setor de telecomunicações e portuário.

Como os estados e os municípios também são titulares de serviços públicos, eles têm legitimidade para editar normas fixando prazos máximos para os contratos de concessão. E, caso não o façam, caberá ao administrador, enquanto estruturar o projeto de concessão de serviço público, estipular o prazo de vigência com base nas peculiaridades do caso concreto e à luz dos investimentos que serão executados pela concessionária e pela respectiva política tarifária.[38]

1.4 Síntese

Os contratos de concessão de serviços públicos formalizam a delegação da prestação de um serviço público, cuja titularidade é do ente político estatal definido pela Constituição Federal a particulares. Ao conceder a prestação do serviço público, o poder concedente obriga-se a manter indene a equação econômico-financeira da concessão, promovendo o seu reequilíbrio por meio dos diversos mecanismos de recomposição.

A equação econômico-financeira dos contratos de concessão de serviços públicos é formada levando em consideração os encargos das partes e a remuneração prevista à concessionária. Essa definição é relevante na medida em que o prazo de vigência da concessão considerará o período em que a concessionária poderá explorar o serviço público, cumprir as suas obrigações contratuais, auferir receitas tarifárias e acessórias e amortizar os investimentos em bens reversíveis da concessão.

---

periódica de processos licitatórios (nos quais será possível imprimir uma competição entre os interessados) podem ser mitigados pela instabilidade ou pela perda de ganho de escala que um prazo mais curto de exploração ensejaria" (Jacintho Arruda Câmara; Irene Patrícia Nohara. *Tratado de direito administrativo*: licitações e contratos administrativos, v. 6. 2. ed. São Paulo: Revista dos Tribunais, 2019).

[38] "A fixação do prazo fica, pois, a critério da Administração, quando não haja lei específica estabelecendo limites, devendo constar do edital de licitação, como elemento essencial à composição do equilíbrio financeiro da concessão" (Maria Sylvia Zanella Di Pietro. *Parcerias na administração pública*, p. 139).

Ao final do prazo de vigência original, espera-se que a concessionária tenha amortizado todos os seus investimentos a partir da percepção de receitas da concessão. Caso não tenha feito, surgirá, em regra, o dever do poder concedente de indenizar a concessionária pelas parcelas dos investimentos feitos e não amortizados e depreciados até o advento do termo contratual original.

Enquanto a Constituição Federal e a legislação federal que dispõe as diretrizes gerais das concessões de serviços públicos não fixam limites para os prazos dos contratos de concessão, há leis específicas para determinados serviços públicos e de outros entes da federação que o faz.

CAPÍTULO 2

PRORROGAÇÃO CONTRATUAL

2.1 Definição da prorrogação contratual

Definir o conceito da prorrogação de contratos de concessão de serviços públicos é uma tarefa complexa e merece reflexão: em primeiro lugar, o conceito da prorrogação desses contratos não é definido no plano constitucional. Como destacado anteriormente, a norma constitucional estabeleceu apenas que o caráter especial dos contratos de concessão e de sua prorrogação seria disposto em lei. E, também, como já foi abordado, a legislação geral sobre o tema, a Lei nº 8.987/1995, não traz nenhuma definição sobre o conceito de prorrogação.

Além disso, o motivo[39] da ampliação do prazo de vigência dos contratos de concessão pode ser diverso e variar de acordo com o caso concreto. A prorrogação contratual pode derivar de um processo de reequilíbrio econômico-financeiro em que, diante de alteração unilateral pelo poder concedente, a concessionária fará jus ao reequilíbrio, que poderá ser implementado em forma de ampliação de prazo. Pode, também, decorrer da conveniência e oportunidade da Administração Pública, de forma consensual com a concessionária, para estender a relação jurídica. Ou, ainda, pode resultar da proximidade do encerramento do prazo de vigência sem que o poder concedente tenha disposição ou estrutura para assumir a prestação direta do serviço público ou que não tenha concluído processo de licitação pública para definir uma nova concessionária.

---

[39] "Motivo é o pressuposto de fato que autoriza ou exige a prática do ato. É, pois, a situação do mundo empírico que deve ser tomada em conta para a prática do ato. Logo, é externo ao ato. Inclusive o antecede. Por isso não pode ser considerado como parte, como elemento do ato" (Celso Antônio Bandeira de Mello. *Curso de direito administrativo*, p. 325).

Em razão dessa multiplicidade de motivos que podem ensejar a prorrogação do prazo de vigência nos contratos de concessão, os juristas tendem a adotar diferentes termos para qualificar a ampliação dos prazos dos instrumentos.

Há quem afirme que a prorrogação do contrato de concessão nada mais seria que a extensão da vigência contratual originalmente avençada, contudo sem que ocorra alterações nas demais cláusulas e condições entabuladas.[40] Em outras palavras: a relação jurídica entre as partes (concessionária e poder concedente) seria ampliada, mantendo-se inalteradas as cláusulas e condições originalmente previstas no contrato de concessão.

O problema dessa afirmação é que a ampliação da vigência de um contrato de concessão, sem a alteração das condições originalmente pactuadas, potencialmente desequilibrará a equação econômico-financeira.[41]

No que tange aos impactos negativos à concessionária, ela poderá, por um lado, ser obrigada a manter a prestação dos serviços públicos por período maior que o originalmente estabelecido no contrato. Isso a forçará a atender aos usuários conforme os critérios do contrato de concessão, o que pode envolver custos de pessoal e com a manutenção da infraestrutura concedida. Por outro lado, a concessionária também

---

[40] "Prorrogação do contrato é o prolongamento de sua vigência além do prazo inicial, com o mesmo contratante e nas mesmas condições anteriores. [...] Obedecidos esses requisitos, a prorrogação do contrato, que não se confunde com a prorrogação dos prazos contratuais em razão de incidente na execução, a exclusivo critério da Administração [...] dispensa nova licitação, porque pressupõe o mesmo contratante e as mesmas condições do contrato original" (Hely Lopes Meirelles. *Estudos e pareceres de direito público*, v. 3. São Paulo: Revista dos Tribunais, 1981. p. 47-48). Idem, Marçal Justen Filho. A ampliação do prazo contratual em concessões de serviço público.

[41] "[A prorrogação] é, em si, um fator de desequilíbrio contratual, e não de reequilíbrio. Explico. A presunção subjacente à concessão é que o particular satisfaça sua perspectiva de ganho explorando o objeto concedido pelo prazo originalmente pactuado. Circunstâncias alheias a seu plexo de responsabilidades e de riscos que não permitem essa satisfação no prazo original colocam o tema da recomposição do balanço inicial. Presumindo, porém, que a exploração se deu de modo suficiente a atingir a perspectiva original do particular, a prorrogação traz para ele a possibilidade de prosseguimento na exploração da utilidade concedida, o que certamente acarreta a necessidade de novos dispêndios (custos operacionais, custos de reposição, custos de formação de excedentes para atendimento de demanda acrescida), mas também o alargamento do seu potencial de ganhos. Daí ser adequado que a prorrogação coincida com uma recomposição do equilíbrio econômico-financeiro, incluindo-se novos aportes, incrementando obrigações ou exigindo contrapartidas. Isso, insisto, não autoriza a novação completa da concessão ou a ampliação do seu objeto e deve vir, desde o início, com suas premissas e procedimentos delimitados no contrato que dá ensejo à concessão" (Floriano de Azevedo Marques Neto. *Concessões*. Belo Horizonte: Fórum, 2015. p. 167-171).

pode ser indevidamente beneficiada: como a exploração do serviço público também será alargada, a concessionária terá mais tempo para cobrar tarifas e receitas acessórias, sem a obrigação de novos investimentos, aumentando o seu potencial de lucro.

É por isso que a prorrogação dos prazos de vigência dos contratos de concessão, via de regra, atrai alterações nas condições da prestação do serviço, como exploraremos no Capítulo 5, e, sobretudo, a repactuação da equação econômico-financeira.

Para os casos em que o contrato é alterado para ampliar o seu prazo de duração e, concomitantemente, alterar as respectivas condições contratuais, há quem sustente a ocorrência da renovação contratual.[42] Nessa situação, entende-se que o contrato anterior estaria extinto pelo decurso do prazo e surgiria uma nova relação contratual entre as mesmas partes e objeto, cláusulas e prazo de vigência similares ao extinto.[43] Essa posição é usualmente adotada por quem entende que os prazos dos contratos de concessão não podem ser ampliados exceto como mecanismo de recomposição do equilíbrio econômico-financeiro.[44]

O termo dilação de prazo de vigência das concessões de serviço público também já foi utilizado para traduzir a ampliação da vigência contratual como mecanismo de reequilíbrio econômico-financeiro.[45]

---

[42] "Costuma-se distinguir a prorrogação da renovação do contrato de concessão, figura esta que seria marcada por alterações mais abrangentes no contrato, não limitadas ao seu prazo de vigência" (Rafael Munhoz de Mello. *Prorrogação de concessão de serviço público*, p. 210).

[43] "Já a renovação da outorga consiste na pactuação de um novo contrato entre as mesmas partes, ao final do término do prazo de vigência de uma dada contratação. A renovação caracteriza-se pela existência de objeto, cláusulas e prazo de vigência similares àquele que se encerrou. [...] A renovação da outorga significa a realização de uma nova delegação, inconfundível com a anterior. Essa solução pressupõe a liquidação da outorga original, inclusive no tocante à apuração dos direitos e obrigações assumidos pelas partes. Uma concessão "prorrogada" é uma nova concessão, que não se confunde com a original" (Marçal Justen Filho. A ampliação do prazo contratual em concessões de serviço público).

[44] Vide Antônio Carlos Cintra do Amaral. *Concessão de serviços públicos*: novas tendências, p. 30; Marçal Justen Filho. A ampliação do prazo contratual em concessões de serviço público; Silvio Luís Ferreira da Rocha. *Manual de direito administrativo*. São Paulo: Malheiros, 2013. p. 550.

[45] "[A] dilação do prazo original do contrato presta-se a recompor uma situação de prejuízo existente da empresa concessionária. A recomposição ocorreria na medida em que, com o prazo maior, a concessionária aumentaria o período de exploração do serviço e, com isso, compensaria sua situação inicial de perda. [...] A dilação é medida de compensação econômica provocada por situação de desequilíbrio efetivamente comprovada. O prazo a ser estendido deve corresponder precisamente ao necessário para alcançar o equilíbrio. Não é um elemento livre, ou pré-fixado contratualmente ou no edital. A dilação deve corresponder a uma realidade de fato (econômica) efetivamente demonstrada. Em resumo, neste caso o prazo do contrato se dilata; ocorre um prolongamento da mesma

Nesses casos, como será mais bem abordado adiante, o poder concedente determina a ampliação do prazo da concessão como solução apta a reequilibrar a equação econômico-financeira desequilibrada por qualquer razão que seja.

Por fim, há também quem adote o termo *devolução* de prazo para qualificar a ampliação da vigência da concessão de serviço público em decorrência de fatos alheios à vontade da concessionária e que afetam a execução contratual.[46] Seria o caso, por exemplo, da ampliação do prazo de vigência em razão do atraso na liberação de áreas ou de bens da concessão ou da inviabilidade de explorar o objeto da concessão por decisão judicial.

Com base no uso de distintos conceitos pela doutrina, o problema em sistematizar e definir um único conceito de prorrogação dos contratos de serviços público está relacionado ao seu motivo original. A variedade de conceitos, hipóteses e regras setoriais específicas para a ampliação dos prazos de vigência dos contratos de concessão de serviço público impede que haja um único regime jurídico para o tema das prorrogações. Cada prorrogação deve ser analisada sob o seu contexto, sobretudo em relação ao plano normativo aplicável e as disposições contratuais acerca da possível prorrogação.

Para os fins deste estudo, não importa explorar a conveniência de cada expressão apresentada acima. Todas elas são válidas e têm como propósito sistematizar as diferentes motivações que ensejam a ampliação do prazo de vigência de um contrato de concessão.

O enfoque deste trabalho será a prorrogação de contratos de concessão de serviço público por interesse das partes, especificamente quando ela ocorre de forma antecipada. De toda forma, a definição dessa modalidade de ampliação do prazo de vigência contratual exige distingui-la das demais modalidades.

Para tanto, utilizar-se-á os termos "prorrogação por reequilíbrio" quando a ampliação do prazo de vigência consistir em mecanismo de recomposição da equação econômico-financeira, "prorrogação para a continuidade da prestação de serviço público", quando a ampliação for necessária para evitar a suspensão ou descontinuidade da prestação de

---

relação jurídica, que ganha mais tempo como forma de equilibrar a equação econômica fixada em sua origem" (Carlos Ari Sundfeld; Jacintho Arruda Câmara; Rodrigo Pagani de Souza. Concessão de serviço público: limites, condições e consequências da ampliação dos encargos da concessionária. In: Direito administrativo Brasil-Argentina: estudos em homenagem a Agustín Gordillo. Belo Horizonte: Del Rey, 2007. p. 43).

[46] Floriano de Azevedo Marques Neto. *Concessões*, p. 167-168.

serviço público e "prorrogação ordinária" quando a ampliação da relação jurídica decorrer da conveniência e oportunidade da Administração Pública. Todos esses conceitos serão explorados mais adiante.

Antes disso, podemos definir a prorrogação contratual independentemente do motivo, ou seja, enquanto gênero de todas as espécies citadas acima e sem analisarmos as especificidades normativas aplicáveis a cada serviço público. Prorrogação *é a alteração bilateral dos contratos com o propósito de alterar a cláusula relativa ao prazo de vigência originalmente avençado entre concessionária e poder concedente, a partir da qual ambas as partes se mantêm vinculadas aos direitos e obrigações da relação jurídica, podendo ou não implicar na alteração das condições da prestação do serviço público.*

2.2 Prorrogação por reequilíbrio econômico-financeiro

A primeira modalidade de prorrogação de contratos de concessão de serviços públicos que convém estudarmos é a dita *prorrogação por reequilíbrio econômico-financeiro*, situação na qual o prazo de vigência é ampliado para assegurar a recomposição da relação entre a remuneração e os encargos da concessão. Os tribunais brasileiros[47] admitem, há muito, a hipótese de prorrogação de concessões por reequilíbrio econômico-financeiro.[48]

---

[47] Em 1952, o Supremo Tribunal Federal avaliou a prorrogação de um contrato em compensação às despesas assumidas pela concessionária, amparando-se na prorrogação da relação jurídica como mecanismo de reequilíbrio: "Voto. A explicação da Prefeitura foi cabal: funcionava na Quinta da Bôa Vista, há mais de cinco anos, um parque de diversões. A Prefeitura precisou do local para instalação do Jardim Zoológico, transferido para aquela Quinta. Entrou em entendimento com o proprietário do Parque, que se mudou para outro local, na mesma Quinta. Como, porém, essa transferência acarretaria despesas para o concessionário, do acordo constou que ele teria, como indenização dessas despesas, prorrogada por mais três anos a autorização. Desse ato não resultou qualquer violação de direito do impetrante, desejoso de inscrever-se numa hipotética concorrência pública. Nego provimento" (Supremo Tribunal Federal, Plenário, RMS 1.835, Ministro Relator Mário Guimarães, data do julgamento: 26.11.1952).

[48] No mesmo sentido, a doutrina espanhola também admite a prorrogação por reequilíbrio: "La tesis favorable a la continuidad del servicio que ha dominado la prestación de los servicios públicos se ha mantenido también en casos de desequilibrio financiero. Desde este punto de vista, se ha reconocido igualmente una generosa potestad modificatoria, incluyendo la previsión de prórrogas como mecanismo alternativo a la indemnización para la recuperación del equilibrio económico" (Jorge Agudo González). El tiempo en las concesiones de servicio publico: continuidad en la prestación del servicio y potestas variandi versus libre concurrencia. *Revista General de Derecho Administrativo*, n. 26, Janeiro, 2011. p. 26. Disponível em: https://www.iustel.com/v2/revistas/detalle_revista.asp?id_noticia=409929&d=1#nota26. Acesso em: 10 jun., 2022).

Inclusive, parte da doutrina entende que a prorrogação da vigência dos contratos de concessão se serviço público somente poderia ocorrer na hipótese de desequilíbrio da equação econômico-financeira, sendo essa a única modalidade possível para estender a vigência de outorgas de concessão.[49]

É o caso, por exemplo, de uma concessão próxima ao encerramento da sua vigência, na qual a concessionária tenha realizado investimentos em bens da concessão, mas sem ter tido tempo hábil para amortizá-los por meio da obtenção de receitas tarifárias e acessórias. Para autorizar que a concessionária mantenha a exploração do serviço concedido até a amortização dos investimentos, o poder concedente pode optar pela ampliação do prazo de vigência como mecanismo de reequilíbrio econômico-financeiro.[50]

Outros cenários que poderiam ensejar a prorrogação por reequilíbrio econômico-financeiro seriam de o poder concedente promover alterações unilaterais necessárias à manutenção do serviço adequado aos usuários ou da insurgência de qualquer fato superveniente e imprevisível que afete a equação econômico-financeira da concessão.

A expressão "devolução" do prazo da concessão equivale à ampliação do prazo de vigência da concessão para fins de compensar a concessionária pelo período em que algum fator externo à sua ingerência impossibilitou a exploração do serviço público.[51] Atrasos na

---

[49] "Suponha que o prazo de 30 anos tenha resultado de sólidos estudos econômico-financeiros. Ao final desse prazo poder-se-á estar diante de duas hipóteses: a) os investimentos efetuados no curso da execução do contrato estarão totalmente amortizados; ou b) haverá parcela dos investimentos ainda a amortizar. Na primeira hipótese a concessão não poderá, pelo menos em princípio, ser prorrogada. Na segunda a concessão poderá ser prorrogada pelo prazo necessário à amortização da parcela dos investimentos ainda não amortizada, ou declarada extinta com base nos arts. 35 e 36 da Lei nº 8.987/1995, mediante pagamento de indenização (Antônio Carlos Cintra do Amaral. *Concessão de serviço público*, p. 89). Nesse sentido, v. Marçal Justen Filho. *Teoria geral das concessões de serviço público*, p. 268-270; e Sílvio Luís Ferreira da Rocha. *Manual de direito administrativo*, p. 550.

[50] "Se o poder concedente optar pela prorrogação do prazo, a fim de assegurar o reequilíbrio contratual, poderá fazê-lo independentemente de constar do contrato cláusula de prorrogação, porque se estará diante de uma situação superveniente, imprevisível e extraordinária, criada no interesse dos usuários a fim de garantir-lhes até o final do contrato a prestação de 'serviço adequado'. Nota-se que se o poder concedente optar pela prorrogação do prazo da concessão deverá limitá-la ao estritamente necessário ao reequilíbrio, ou reduzindo, em comum acordo com a concessionária, a tarifa praticada, ou mantendo-a" (Antônio Carlos Cintra do Amaral. *Concessão de serviços públicos*: novas tendências, p. 29). Nesse sentido, v. Alexandre Santos de Aragão. *Direito dos serviços públicos*. 2. ed. Rio de Janeiro: Forense, 2008. p. 582.

[51] Floriano de Azevedo Marques Neto entende que essa situação seria passível de ampliação do prazo de vigência por "devolução do prazo da concessão", constituindo-se como uma modalidade autônoma de prorrogação contratual. Floriano de Azevedo Marques Neto. *Concessões*, p. 167-168.

execução das obras e na prestação dos serviços públicos atribuídos à concessionária por culpa do poder concedente podem ser tratados como exemplos de eventos que dariam ensejo à prorrogação por reequilíbrio econômico-financeiro.

Seria o caso, por exemplo, do atraso no início da concessão pela não liberação de áreas públicas ou pela demora do poder concedente em editar declarações de utilidade pública para as desapropriações necessárias.

Não parece que a "devolução do prazo da concessão" seja uma modalidade independente de prorrogação contratual: ela decorre de eventos que rompem a equação econômico-financeira da concessão em prejuízo da concessionária, dando ensejo ao seu reequilíbrio, que pode ser feito via prorrogação do prazo de vigência. São riscos alocados ao poder concedente e que inviabilizam a atuação da concessionária tal como originalmente previsto no instrumento da outorga. Essa devolução do prazo de vigência está, portanto, inserida no contexto da prorrogação por reequilíbrio econômico-financeiro.

A prorrogação dos contratos de concessão de serviço público enquanto mecanismo de reequilíbrio econômico-financeiro tem tratamento legislativo em alguns setores.

No setor aeroportuário, por exemplo, o Decreto nº 7.624/2011 dispõe sobre as condições de exploração da infraestrutura aeroportuária pela iniciativa privada por meio de concessão. De acordo com esse ato, os prazos de vigência dos contratos de concessão de infraestrutura aeroportuária serão estabelecidos pelo poder concedente, no edital e no contrato de concessão, e deverão ser compatíveis com a amortização dos investimentos.

Ademais, estipulou-se que o prazo definido pelo poder concedente, somente poderia ser prorrogado uma única vez por prazo máximo de cinco anos e para fins de reequilíbrio econômico-financeiro.[52] Assim,

---

[52] Artigo 6º do Decreto nº 7.624/2011: "O prazo de vigência será estabelecido pelo poder concedente, no edital e no contrato de concessão, e deverá ser compatível com a amortização dos investimentos, podendo ser prorrogado uma única vez, por até cinco anos, para fins de reequilíbrio econômico-financeiro decorrente da efetivação de riscos não assumidos pela concessionária no contrato, mediante ato motivado".
Artigo 18 do Decreto nº 7.624/2011: "Sem prejuízo do disposto no art. 7º, caberá ao poder concedente estabelecer a forma pela qual será recomposto o equilíbrio econômico-financeiro do contrato de concessão, em favor do poder concedente ou do concessionário, podendo ser utilizadas as seguintes medidas, individual ou conjuntamente, sem a exclusão de outras cabíveis: II - alteração do prazo da concessão, observado o disposto no art. 6º".

por decisão do ente político titular do serviço público de infraestrutura aeroportuária,[53] definiu-se que os contratos de concessão de serviço público de infraestrutura aeroportuária não poderiam ser objeto de prorrogação, senão aquela relacionada ao reequilíbrio econômico-financeiro em favor da concessionária.

Outro setor que indicou expressamente a prorrogação como mecanismo de reequilíbrio econômico-financeiro foi o setor portuário. A Resolução ANTAQ 3.220/2014 estabelece procedimentos para a elaboração de projetos de arrendamentos e recomposição do equilíbrio econômico-financeiro dos contratos de arrendamento de áreas e instalações portuárias nos portos organizados.

A critério do poder concedente, a equação econômico-financeira dos contratos de arrendamento pode ser recomposta pela alteração dos valores financeiros definidos no instrumento contratual, pela modificação dos encargos, pelo pagamento de indenização ou pela alteração do prazo de vigência do contrato de arrendamento. Esse rol de mecanismos de reequilíbrio não é exaustivo, tampouco excludente, cabendo ao poder concedente avaliar a melhor solução ao caso concreto e, quando necessário, combinar as possíveis alternativas.[54]

A despeito desses exemplos, entende-se que a prorrogação por reequilíbrio econômico-financeiro não depende de previsão expressa em ato normativo, tampouco de previsão em edital ou em contrato de concessão. Afinal, a prorrogação por reequilíbrio tem por propósito recompor a relação jurídica desestabilizada. Como a manutenção da equação econômico-financeira é um pressuposto das concessões de serviço público e a ampliação do prazo de vigência é um dos possíveis mecanismos para recompor essa relação, não haveria necessidade de o instrumento convocatório ou do contrato de concessão preverem

---

[53] Artigo 21 da Constituição Federal: "Compete à União: [...] XII – explorar, diretamente ou mediante autorização, concessão ou permissão: [...] c) a navegação aérea, aeroespacial e a infraestrutura aeroportuária".

[54] Artigo 14 da Resolução ANTAQ 3.220/2014: "A recomposição do equilíbrio econômico-financeiro dos contratos de arrendamentos a que se refere esta Norma poderá se dar, a critério do poder concedente, por intermédio, mas não se limitando, da utilização dos seguintes meios: I - Preferencialmente pelo aumento ou redução dos valores financeiros previstos no contrato de arrendamento; II - Modificação das obrigações contratuais do arrendatário previstas no próprio fluxo de caixa marginal; III - Extensão ou redução do prazo de vigência do contrato de arrendamento; e IV - Pagamento de indenização. §1º Os meios elencados nos incisos I a IV deste artigo poderão ser utilizados de forma isolada ou combinada".

expressamente essa possibilidade, justamente porque dependem de uma análise casuística do contrato após a sua execução pela concessionária.[55]

2.3 Prorrogação para a continuidade da prestação do serviço público

Os contratos de concessão de serviços públicos também podem ser prorrogados por outra razão, essa mais específica e excepcional do que a prorrogação por reequilíbrio econômico-financeiro e do que a prorrogação ordinária, como se verá adiante. Trata-se da possibilidade de o poder concedente autorizar a prorrogação dos contratos de concessão para assegurar a continuidade da sua prestação enquanto não houver a assunção do serviço público pelo poder público ou por nova concessionária.

Como regra, as concessões de serviço público são extintas assim que as suas vigências chegam a termo. É o que dispõe a Lei nº 8.987/1995 ao prever o "advento do termo contratual" como hipótese de extinção da concessão e, como consequência, a assunção, pelo poder concedente, de todos os bens reversíveis, direitos, privilégios transferidos à concessionária e o serviço público pelo poder concedente.[56]

---

[55] "Daí que, a prorrogação contratual, ao contrário da outra situação figurada, estará, de direito, assentada em dois cânones normativos que lhe servirão de escora, isto é, de suporte de legitimidade: de um lado, ante a vicissitude de respeitar a equação econômico-financeira, a norma que lhe impõe tal dever e de outro o princípio prestigiador da modicidade. Segue-se que a ausência de previsão permissiva no edital ou no contrato estaria suprida por estas aludidas normas, sendo que a disposição legal que determina a modicidade das tarifas – noção que, como se disse, tem hierarquia de princípio – é a que diretamente lhe servirá de calço [...] Assim, não há duvidar que, embora inexistindo na lei, no edital ou no contrato, explícita contemplação de prorrogação contratual para atender à finalidade mencionada, esta, sem a menor dúvida ou entredúvida, é perfeitamente cabível. Ou seja: dita prorrogação independe de previsão legal ou contratual" (Celso Antônio Bandeira de Mello. Parecer quanto à prorrogação do prazo da concessão para fins de reequilíbrio econômico-financeiro do contrato. In: André Castro Carvalho (Org.). *Contratos de concessão de rodovias*: artigos, decisões e pareceres jurídicos. São Paulo: MP, 2009. p. 58).

[56] Artigo 35, §1º e 2º, da Lei nº 8.987/1995. Nesse sentido, "[e]xtinto o contrato de concessão por decurso do prazo de vigência, cabe ao Poder Concedente a retomada imediata da prestação do serviço, até a realização de nova licitação, a fim de assegurar a plena observância do princípio da continuidade do serviço público, não estando condicionado o termo final do contrato ao pagamento prévio de eventual indenização, que deve ser pleiteada nas vias ordinárias" (Superior Tribunal de Justiça, Primeira Turma, AgRg no REsp 1.139.802/SC, Ministro Relator Hamilton Carvalhido. Data do julgamento: 12.04.2011).

Assim, quando o prazo de vigência de uma concessão se aproxima, espera-se que o poder concedente adote providências para (i) assumir a prestação direta do serviço público, (ii) promover uma nova licitação pública para conceder a exploração do serviço público a novo particular ou (iii) prorrogar o instrumento contratual e manter a relação jurídica com a atual concessionária.[57]

Ao julgar a constitucionalidade de dispositivo da Constituição do Estado do Paraná que assegurava o direito de dar continuidade às concessões de transporte coletivo de passageiros vencidas ou a vencer mediante prorrogações das delegações,[58] o Ministro Paulo Brossard do Supremo Tribunal Federal destacou que, na prática, os serviços públicos não são paralisados quando a vigência contratual termina. Isso porque, em seu entendimento, os contratos são prorrogados precariamente para evitar a paralisação dos serviços aos usuários.[59]

Soma-se a esse elemento o fato de, por vezes, o poder concedente não deter expertise, aparato técnico ou recursos humanos para assumir a prestação do serviço público de forma adequada. Apesar de a legislação determinar a retomada do serviço público pelo poder concedente após a extinção da concessão, a ausência de capacidade para assegurar a qualidade dos serviços poderá gerar prejuízos aos usuários.

O Superior Tribunal de Justiça analisou a legalidade de todos

---

[57] "Trata-se de evento previsível e para o qual o poder concedente deve preparar-se. Deverão ser adotadas todas as providências necessárias a impedir solução de continuidade na prestação dos serviços. O poder concedente deverá deliberar tempestivamente acerca da realização de nova concessão ou da prestação do serviço diretamente. Eventualmente, até poderá cogitar da extinção do serviço público, se tal for juridicamente cabível. Como é lógico, deverá implementar as medidas de execução da escolha realizada. Se for o caso de manter o serviço, o Estado deverá evitar que o encerramento da atividade do antigo concessionário provoque a interrupção da sua prestação. Entendendo ser conveniente a realização de nova concessão, o Estado deverá promover licitação, com antecedência suficiente para enfrentar todos os imprevistos, cumprindo as exigências legais. Em alguns casos, a complexidade do objeto da concessão exigirá providências com anos de antecedência" (Marçal Justen Filho. *Teoria Geral das Concessões de Serviço Público*, p. 574).

[58] Artigo 146, §3º, da Constituição do Estado do Paraná: "As empresas que já prestaram com tradição serviço de transporte coletivo de passageiros, por ato delegatório de qualquer natureza, expedido pelo Estado do Paraná, e com prazo de vigência vencido ou por vencer, fica assegurado o direito de dar continuidade aos mesmos serviços que vinham prestando, mediante prorrogações ou renovações das respectivas delegações, observados os incisos do §1º deste artigo".

[59] "Quando uma concessão de serviço público chega a seu termo, via de regra, o serviço não para, *ex-abrupto*, porque a administração, dispondo de tempo suficiente, publica os editais com antecedência, faz a licitação, ou, então, a título precário, prorroga por seis meses, doze meses, exatamente para que não haja a solução de continuidade na prestação do serviço público" (Supremo Tribunal Federal, Plenário, ADI 118 MC, Ministro Relator Aldir Passarinho. Data do julgamento: 25.10.1989).

os instrumentos de delegação de serviço público outorgados sem licitação pelo Departamento de Transportes Rodoviários do Estado do Rio de Janeiro. Nessa ocasião, a corte ponderou que, apesar da necessária extinção dos instrumentos, a descontinuidade da prestação de serviços públicos traria prejuízos à coletividade, ao passo que o poder concedente não tinha capacidade de assumir diretamente a prestação do serviço de transporte público. Assim, em observância ao princípio da continuidade dos serviços públicos essenciais, decidiu-se pela manutenção das outorgas até a conclusão do procedimento licitatório em prazo de até um ano.[60]

Em função disso, essa espécie de prorrogação contratual estaria amparada no princípio da continuidade do serviço público e da sua prestação adequada. Ela poderá ser excepcionalmente formalizada quando o poder concedente demonstrar não ter capacidade imediata de assumir a prestação direta do serviço público.[61]

Essa prorrogação excepcional, contudo, não autoriza prorrogações por longos períodos, tampouco deve ser interpretada como uma permissão à desídia do poder concedente em promover nova licitação pública.[62] Os órgãos de controle poderão, a depender do caso, apurar e responsabilizar os gestores públicos caso seja constatada a omissão em organizar o novo certame licitatório.

---

[60] "Ressalta-se que a eventual paralisação na prestação do serviço de transporte público de que trata a presente demanda, coadjuvado pela impossibilidade de o ente público assumir, de forma direta, a prestação do referido serviço, em razão da desmobilização da infra-estrutura estatal, anterior a conclusão do procedimento licitatório, poderá ensejar a descontinuidade dos serviços prestados, em completa afronta ao princípio da continuidade dos serviços públicos essenciais. Assim, visando a continuidade do serviço público de transporte e o interesse de toda coletividade, autoriza-se a realização do procedimento licitatório no prazo de até um ano, independentemente do trânsito em julgado, momento em que cessam os efeitos dos contratos em questão" (Superior Tribunal de Justiça, Segunda Turma, AgRg no AREsp 481.094/RJ, Ministro Relator Mauro Campbell Marques. Data do julgamento: 15.05.2014).

[61] "Em alguns casos, a prorrogação é autorizada para solucionar situações transitórias, nas quais o prazo a mais conferido tem como objetivo dar tempo à realização de um processo licitatório adequado. Nessas hipóteses não se prorroga por igual período o vínculo existente, mas tão somente se amplia o prazo com o único intuito de viabilizar a realização de novo processo licitatório, sem que haja risco de descontinuidade da prestação do serviço público" (Jacintho Arruda Câmara; Irene Patrícia Nohara. *Tratado de direito administrativo*).

[62] "A prorrogação do contrato de permissão por longo prazo, fundamentada na necessidade de se organizar o procedimento licitatório, não pode ser acolhida para justificar a prorrogação efetuada, visto que tratam de suposto direito econômico das empresas que não podem se sobrepor ao preceito constitucional que obriga a licitar e visa garantir e resguardar o interesse público da contratação precedida de licitação" (Superior Tribunal de Justiça, Segunda Turma, AgRg no AREsp 481.094/RJ, Ministro Relator Mauro Campbell Marques. Data do julgamento: 15.05.2014).

Destaca-se, ainda, que a continuidade da concessão não pode ser imposta à concessionária, afinal ela foi contratada para prestar o serviço público por prazo determinado. A imposição da continuidade da concessão, ou seja, contrário à vontade da concessionária, configuraria cenário de requisição administrativa.[63]

Nesse sentido, a Lei nº 12.783/2013 autorizou a manutenção da prestação dos serviços por concessionárias de distribuição e geração de energia elétrica mesmo após o encerramento do prazo de vigência. De acordo com esse ato normativo, o titular do serviço público poderá permanecer responsável por sua prestação para garantir a continuidade da prestação do serviço público até que nova concessionária assumisse a prestação dos mesmos serviços delegados.[64]

A Lei nº 13.448/2017 estabeleceu que os contratos de concessão de serviço público poderão ser prorrogados, em até 24 meses, para evitar a descontinuidade na prestação do serviço público. Essa prorrogação somente poderá ocorrer em duas situações: quando os procedimentos para a nova delegação do serviço público estiverem em sua fase interna (estudos) ou em sua fase externa (após publicação do edital da licitação), mas sem que haja tempo para que o vencedor do certame assuma o serviço imediatamente após o encerramento do prazo de vigência do contrato em vigor.[65]

O dispositivo da Lei nº 13.448/2017 não prevê que a concessionária deverá concordar com a continuidade da prestação de serviço

---

[63] "Requisição é o ato pelo qual o Estado, em proveito de um interesse público, constitui alguém, de modo unilateral e autoexecutório, na obrigação de prestar-lhe um serviço ou ceder-lhe transitoriamente o uso de uma coisa in natura, obrigando-se a indenizar os prejuízos que tal medida efetivamente acarretar ao obrigado" (Celso Antônio Bandeira de Mello. *Curso de direito administrativo*, p. 856).

[64] Artigo 9º da Lei nº 12.783/2013: "Não havendo a prorrogação do prazo de concessão e com vistas a garantir a continuidade da prestação do serviço, o titular poderá, após o vencimento do prazo, permanecer responsável por sua prestação até a assunção do novo concessionário, observadas as condições estabelecidas por esta Lei".

[65] Artigo 32 da Lei nº 13.448/2017: "Nos casos em que houver estudo ou licitação em andamento para substituição de contrato em vigor e não haja tempo hábil para que o vencedor do certame assuma o objeto do contrato, o órgão ou a entidade competente fica autorizado a estender o prazo do contrato, justificadamente, por até 24 (vinte e quatro) meses, a fim de que não haja descontinuidade na prestação do serviço".

º contrato de concessão para a exploração do Sistema Rodoviário Rio de Janeiro (RJ) – São Paulo (SP), assinado em 28.01.2022, prevê que o prazo de vigência poderá ser estendido para evitar a descontinuidade da prestação do serviço público "3.3. Nos casos em que houver estudo ou licitação em andamento para substituição de contrato em vigor e não haja tempo hábil para que o vencedor do certame assuma o objeto do Contrato, o prazo de vigência poderá ser estendido nos termos da legislação, a fim de que não haja descontinuidade na prestação do serviço".

público após o encerramento do prazo de vigência da outorga, ao contrário do que faz a Lei nº 12.783/2013.⁶⁶ A omissão do legislador, contudo, não pode ser interpretada como a possibilidade de o poder concedente impor a manutenção da prestação do serviço público caso a concessionária não tenha interesse em seguir com a exploração da concessão, ainda que em situação extraordinária.⁶⁷

2.4 Prorrogação ordinária

Ao contrário das modalidades citadas acima, em que a extensão do prazo de vigência dos contratos de concessão ocorre por razões excepcionais ou extraordinárias (para reequilibrar a equação econômico-financeira ou para garantir a continuidade da prestação do serviço público enquanto não houver nova licitação), os prazos contratuais também poderão ser alargados por razões de interesse público. Para esses casos, adotar-se-á a expressão "prorrogação ordinária".

A prorrogação ordinária dos contratos de concessão de serviço público está inserida na esfera de conveniência e oportunidade do poder concedente.⁶⁸ Ela não tem como objetivo reequilibrar a equação

---

[66] Artigo 9º, §1º, da Lei nº 12.783/2013: "Caso não haja interesse do concessionário na continuidade da prestação do serviço nas condições estabelecidas nesta Lei, o serviço será explorado por meio de órgão ou entidade da administração pública federal, até que seja concluído o processo licitatório de que trata o art. 8º".

[67] Marçal Justen Filho entende que a concessionária também tem o dever de adotar as providências necessárias com a proximidade do advento do termo contratual, sobretudo diante da omissão do poder concedente: "[o] concessionário tem o dever de adotar todas as providências para encerramento da atividade, à medida que o termo final se aproxima. Identificando a omissão do poder concedente em implementar solução que assegure a continuidade dos serviços, caberá ao concessionário formalizar seus pleitos perante as autoridades competentes – inclusive e se for o caso, recorrendo ao Poder Judiciário. Se, não obstante todas as providências, se atingir o termo final do contrato sem solução que permita a manutenção do serviço por outra via, o concessionário estará legitimado a manter a prestação do serviço essencial, ainda que em situação irregular. Estará caracterizada uma situação de estado de necessidade, sendo impossível imputar ao ex-concessionário algum tipo de má-fé. Surgirá situação precária em que o antigo concessionário poderá (deverá) ser afastado no mais curto espaço de tempo, mediante a devida e necessária indenização" (Marçal Justen Filho. *Teoria Geral das Concessões de Serviço Público*, p. 575).

[68] Há que classifique a prorrogação ordinária como "prorrogação por interesse público", incluindo nesse espectro tanto a prorrogação ordinária, quanto a prorrogação antecipada. Nesse sentido: "A prorrogação por interesse público visa a promover a prestação adequada do serviço público. Ela é realizada por razões de conveniência e oportunidade do Poder Concedente, desde que estejam presentes os pressupostos específicos da medida e a concessionária aceite determinadas condições propostas pelo Poder Concedente, caracterizadoras da vantagem da proposta vis-à-vis as alternativas da prestação direta do serviço público e da realização de licitação para nova outorga da atividade. Nesse caso,

econômico-financeira da concessão, tampouco ampliar o prazo de vigência da relação jurídica para fins da continuidade da prestação do serviço público.

Nessa modalidade, o contrato de concessão ou o seu instrumento convocatório devem, obrigatoriamente, conter disposição que possibilite a prorrogação do prazo de vigência originário. Como será mais bem abordado no Capítulo 4, a ausência de dispositivo nesse sentido proibirá que as partes estendam a relação jurídica em função do princípio da vinculação ao instrumento convocatório.

Essa previsão contratual poderá ser tanto genérica quanto detalhada. Isto é, poderá haver cláusula em contrato de concessão prevendo que o prazo de vigência poderá ser prorrogado, mas sem especificações claras quanto às informações que deverão ser apresentadas pela concessionária ou aos parâmetros que o poder concedente irá avaliar quando houver a manifestação de interesse na prorrogação.[69] Há, também, contratos que preveem não só a possibilidade da prorrogação, mas todo o rito que deverá ser observado pelas partes.[70]

---

o contrato de concessão é prorrogado pelo prazo em lei ou no próprio ajuste" (Felipe Montenegro Viviani Guimarães. *Prorrogação por interesse público das concessões de serviço público*, p. 57).

[69] O Contrato de Arrendamento PRES/019.98, relativo ao arrendamento de instalação portuária no Porto de Santos, prevê a possibilidade de prorrogação do contrato, por manifestação da arrendatária, mas sem indicar quais elementos deveriam ser apresentados em seu pedido, tampouco quais parâmetros específicos e contrapartidas poderiam ser avaliadas pelo poder concedente durante a análise da prorrogação: "Cláusula Décima Sexta – Da Prorrogação do Prazo do Arrendamento. O prazo do arrendamento poderá ser prorrogado, de comum acordo entre as partes, por uma única vez, por prazo máximo igual ao originalmente contratado, ou seja 15 (quinze) anos, mediante solicitação por escrito do Arrendatário. Parágrafo primeiro. O arrendatário deverá requerer a prorrogação do arrendamento, pelo menos, 12 (doze) meses antes de findar sua vigência, entendendo-se, se não o fizer, que não pretende a prorrogação referida. Parágrafo segundo. Para fins e prorrogação do arrendamento, a CODESP levará em consideração o desempenho do Arrendatário, avaliado pelas fiscalizações exercidas pela CODESP, no período inicial da vigência do Contrato".

[70] O Contrato de Arrendamento 05/2020 relativo ao arrendamento de instalação portuária no Porto de Santos tem cláusula detalhada de prorrogação: 3.3. O presente Contrato poderá ser prorrogado por sucessivas vezes, a exclusivo critério do Poder Concedente, nos termos deste Contrato e seus Anexos, até o limite máximo de 70 (setenta) Anos, incluídos o prazo de vigência original e todas as suas prorrogações, condicionado ao reestabelecimento do equilíbrio econômico-financeiro do Contrato. 3.4. O Poder Concedente, ao apreciar o pedido de Prorrogação apresentado pela Arrendatária, deverá fundamentar a vantagem da Prorrogação do Contrato em relação à realização de nova licitação de Contrato de Arrendamento, além de observar os requisitos para a Prorrogação previstos em lei ou regulamento. 3.4.1. Sem prejuízo do cumprimento dos requisitos legais e regulamentares exigíveis ao tempo da Prorrogação, o Poder Concedente deverá também avaliar a conveniência e oportunidade do pedido tendo em vista: I - Cumprimento dos Parâmetros do Arrendamento, metas e prazos conforme previsto neste Contrato; II - Desempenho

Assim, a prorrogação contratual, ao contrário da prorrogação por reequilíbrio econômico-financeiro e da prorrogação para a continuidade da prestação do serviço público, está sujeita à existência de previsão no edital de licitação ou no instrumento contratual que possibilite a ampliação da vigência da concessão.

A despeito da existência de dispositivo acerca da prorrogação contratual, essa não confere, via de regra, um direito subjetivo à concessionária. Em outras palavras: ainda que o serviço público esteja sendo prestado de forma adequada, a proximidade da extinção da concessão por advento do prazo contratual não garante que a concessionária poderá ampliar o prazo da concessão.

Não basta que a concessionária comprove que as exigências legais ou contratuais foram cumpridas para que o poder concedente tenha o dever de prorrogar o contrato. Para além dessas exigências, quando houver, o poder concedente deverá sopesar os benefícios da prorrogação contratual, vis-à-vis o interesse público, comparando-a com a condução de uma nova licitação pública.[71]

Em sede de mandado de segurança impetrado perante o Superior Tribunal de Justiça, uma concessionária de geração e transmissão de

---

da Arrendatária relativamente às atribuições e aos encargos definidos no Contrato, em especial aqueles relacionados aos investimentos e à prestação das Atividades; III - Cometimento de infrações contratuais pela Arrendatária, ressalvada a superação do inadimplemento ou reabilitação; IV - Manutenção, durante a vigência do Contrato, em compatibilidade com as obrigações assumidas, das condições de habilitação e qualificação exigidas no Leilão; V - Adimplência da Arrendatária no recolhimento de Tarifas Portuárias e em relação a outras obrigações financeiras com a Administração do Porto e a ANTAQ; VI - Adimplência das pessoas jurídicas que sejam, direta ou indiretamente, controladoras, controladas ou coligadas com a Arrendatária perante a SPA e junto à ANTAQ caso, além do objeto do presente Contrato, sejam operadoras, autorizatárias, arrendatárias ou concessionárias no setor portuário brasileiro. 3.4.2. O atendimento dos requisitos explicitados na Subcláusula 3.4 será comprovado por meio das informações a serem encaminhadas pela Arrendatária à ANTAQ nos termos da regulamentação e da Cláusula 18, de forma a subsidiar o Poder Concedente na decisão motivada sobre a existência de conveniência e oportunidade da Prorrogação do Contrato. 3.5. A Arrendatária deverá manifestar formalmente, junto ao Poder Concedente, seu interesse na Prorrogação do Contrato no período de até 60 (sessenta) meses antes da data do término do Prazo do Arrendamento, ressalvadas as exceções estabelecidas em ato do Poder Concedente. 3.6. A Arrendatária reconhece expressamente que a Prorrogação do Contrato é uma faculdade do Poder Concedente, cuja decisão se dará em função do interesse público, não cabendo qualquer direito subjetivo à Prorrogação".

[71] "La prórroga de los contratos administrativos es un acuerdo administrativo de ampliación del plazo contractual, decretado por la Administración, cuando concurran una serie de requisitos, y orientado, siempre, hacia la satisfacción del interés público" (Jaime Rodriguez-Arana. *La prórroga em los contratos administrativos*: concepto, funciones y régimen en los contratos de obra y en los de gestión de servicios públicos. Madrid: Montecorvo, 1988. p. 40).

energia pleiteou a prorrogação imediata do Contrato de Concessão 007/97, em razão do suposto direito líquido e certo previsto no respectivo instrumento contratual. Sustentou, ainda, que a mera comprovação dos critérios previstos no contrato (atendimento aos critérios de qualidade dos serviços e de custo adequado) garantir-lhe-ia a prorrogação da concessão.

Ao analisar as alegações da concessionária, as disposições contratuais e a legislação aplicável, a Primeira Seção do Superior Tribunal de Justiça reconheceu que o poder concedente pode, a qualquer tempo, impor alterações nas cláusulas regulamentares do contrato de concessão de serviço público, inclusive em relação ao prazo de vigência da concessão. Portanto, seria legítimo o indeferimento do pedido de prorrogação, ainda que a concessionária tivesse comprovado o cumprimento dos requisitos objetivos previstos no contrato de concessão.[72]

Após a interposição de recurso em mandado de segurança, o Supremo Tribunal Federal foi mais adiante para reconhecer a inexistência de direito líquido e certo à prorrogação ordinária dos contratos de concessão. Conciliando a prerrogativa discricionária do poder concedente em alterar cláusulas regulamentares e o atributo da voluntariedade das prorrogações contratuais, o Ministro Dias Toffoli destacou que a regra sempre será a extinção da concessão com o advento do termo contratual, cabendo ao poder concedente avaliar a possibilidade de uma prorrogação à luz do interesse público e do cumprimento dos requisitos pela concessionária, quando for o caso.[73]

---

[72] Destaca-se trecho do voto da Ministra Assusete Magalhães: "Assim, a impetrante não possui direito líquido e certo a ter o seu pedido de prorrogação do contrato analisado exclusivamente com base na legislação pretérita e nas disposições contratuais originais. Como visto acima, ao concessionário é assegurado apenas o equilíbrio econômico-financeiro do contrato, não havendo direito adquirido à sua prorrogação" (Superior Tribunal de Justiça, Primeira Seção, MS 20.432/DF, Ministro Relator Ari Pargendler. Data do julgamento: 24.06.2015).

[73] "Um contrato de concessão, portanto, firmado que é a partir de um certame licitatório, tem a temporariedade como uma de suas marcas fundamentais, ocorrendo, desse modo, o encerramento do contrato no prazo nele definido, salvo a realização de ajuste, ao final do termo, pela prorrogação contratual, se atendidas as exigências legais para tanto e se presente o interesse público na permanência do ajuste. [...] Essa regra é ainda mais pertinente quando se trata de contrato de concessão de energia elétrica, em que a prorrogação se estabelece por décadas, a exigir da Administração ainda maior atenção na análise de seu interesse na renovação. Observe-se o caso dos autos: contrato firmado em 1997, com seu término previsto para 28/8/13 e prorrogação por até 20 anos. Seria inaceitável (e eventual cláusula nesse sentido poderia ser reconhecida nula) que a Administração estivesse obrigada a renovar a concessão sem atendimento dos parâmetros legais da salvaguarda do interesse público, supremo sobre o interesse particular" (Supremo Tribunal Federal, Segunda Turma, RMS 34.203, Ministro Relator Dias Toffoli. Data do julgamento: 21.11.2017).

Essa decisão não foi inédita no Supremo Tribunal Federal. Em outras ocasiões, reconheceu-se que o poder concedente tem a prerrogativa discricionária de prorrogar ou não (e, nesse caso, assumir a prestação direta do serviço público ou promover nova licitação) a concessão. E isso a partir de exercício de motivação do ato administrativo que deferirá ou negará o pedido de prorrogação e pautado no interesse público.[74]

Nesse contexto, ao analisar a Ação Direta de Inconstitucionalidade contra dispositivos específicos da Lei nº 13.448/2017, a Ministra Carmen Lúcia confirmou que a prorrogação ordinária dos contratos de concessão ocorre quando houver previsão que lhe autorize no instrumento originário, quando forem atendidos os requisitos lá previstos e a critério do poder concedente.[75-76]

Com base nisso, as prorrogações ordinárias distanciam-se das demais modalidades já analisadas em razão da necessária análise de oportunidade e conveniência, pelo poder concedente, para a ampliação do prazo de vigência da concessão. Somente após a constatação, devidamente motivada, de que a continuidade da prestação de serviço público com a concessionária atual é mais vantajosa do que a prestação

---

[74] Nesse sentido, trecho do voto vencedor do Ministro Joaquim Barbosa "A impetrante não tem nenhum direito líquido e certo a ser protegido, porque a cláusula segunda do contrato diz textualmente que o prazo de vigência deste se encerraria em 31 de dezembro de 2003, podendo ser prorrogado por períodos subsequentes de doze meses, até o máximo de sessenta. Ou seja, inequivocamente, a eventual prorrogação estaria na esfera de decisão discricionária da Administração, não tendo a impetrante direito algum a ser preservado nesse caso" (Supremo Tribunal Federal, Plenário, MS 24.785-1, Ministro Relator Marco Aurélio. Data do Julgamento: 08.09.2004). Nesse mesmo sentido, v. Supremo Tribunal Federal, Plenário, MS 26.250, Ministro Relator Carlos Ayres Britto. Data do julgamento: 17.02.2010).

[75] "A prorrogação de contrato de concessão ordinária ocorre quando, previsto no ato contratual originário e atendidos os requisitos nele estabelecidos, o contrato tem a sua duração alongada no limite temporal firmado, a critério do poder concedente, que define as condições técnico-administrativas e econômico-financeiras necessárias à prorrogação, facultando-se ao contratado aceitar ou não os novos termos" (Supremo Tribunal Federal, Plenário, ADI 5.991, Ministra Relatora Cármen Lúcia. Data do julgamento: 07.12.2020).

[76] Vale mencionar posicionamento divergente a respeito de uma suposta existência de direito subjetivo da concessionária em prorrogar o contrato de concessão. Rafael Wallbach, ao tratar sobre as prorrogações dos contratos do setor portuário, entende que se a concessionária observar os critérios contratuais, a prorrogação lhe será garantida: "A prorrogação prevista contratualmente nada mais é do que uma técnica pela qual se divide o prazo contratual em dois ou mais blocos, de modo que a Administração, ao final de um período, possa reavaliar se a continuidade do contrato ainda faz sentido. Observados os critérios que conduzem à continuidade do contrato, a sua prorrogação é um direito subjetivo do contratado" (Rafael Wallbach Schwind. Prorrogação dos contratos de arrendamento portuário brasileiro. In: Cesar Pereira; Rafael Wallbach Schwind (Org.). *Direito portuário brasileiro*. 2. ed. rev., ampl. e atual. Belo Horizonte: Fórum, 2018. p. 495).

direta do serviço público ou a condução de um novo certame licitatório é que o poder concedente poderá autorizar a prorrogação ordinária.

Não obstante, a concessionária deverá demonstrar o seu interesse na prorrogação ordinária. Como pontuado pelo Ministro Dias Toffoli no julgamento já mencionado, a bilateralidade é uma das principais características do instituto da prorrogação ordinária, sendo vedado ao poder concedente impor a sua vontade pela ampliação do prazo original da concessão caso a concessionária assim não deseje.[77]

Por fim, pontua-se que poderá haver situações em que os contratos de concessão prevejam expressamente a prorrogação do prazo de vigência contratual como um direito subjetivo da concessionária. Isto é, desde a origem da concessão, o instrumento contratual poderá estipular a prorrogação como direito da concessionária desde que preenchidos determinados requisitos objetivos, como, por exemplo, o atingimento de determinadas metas ou níveis de serviços.

Essa prorrogação é conhecida na literatura como prorrogação-prêmio ou premial[78] e nesses casos a ampliação do prazo de vigência do contrato será mandatória.[79] Afinal, a legislação não veda que o poder concedente inclua uma cláusula prevendo a prorrogação contratual caso determinados requisitos objetivos sejam cumpridos pela concessionária.

Naturalmente, a cláusula de prorrogação premial deve ser incluída no instrumento convocatório ou na versão original do contrato de concessão. Seria ilícito incluí-la posteriormente na relação contratual ou alterar a cláusula originária sobre uma possível prorrogação contratual para torná-la obrigatória caso a concessionária atenda determinados requisitos. Assim como a previsão que possibilita a prorrogação

---

[77] "Também a mesma lei estipulou a necessidade de manifestação das concessionárias quanto ao interesse de permanecer sob a contratação nas novas bases legais, respeitando-se, assim, não apenas a discricionariedade administrativa na renovação do contrato, mas também a bilateralidade, igualmente característica dessa forma de ajuste" (Supremo Tribunal Federal, Segunda Turma, RMS 34.203, Ministro Relator Dias Toffoli. Data do julgamento: 21.11.2017).

[78] Felipe Montenegro Viviani Guimarães. *Prorrogação por interesse público das concessões de serviço público*, p. 67-71; Alexandre Santos de Aragão. *Direito dos serviços públicos*, p. 555; Rafael Wallbach Schwind. Prorrogação dos contratos de arrendamento portuário brasileiro. p. 502-504.

[79] "Atos vinculados seriam aqueles em que, por existir prévia e objetiva tipificação legal do único possível comportamento da Administração em face de situação igualmente prevista em termos de objetividade absoluta, a Administração, ao expedi-los, não interfere com apreciação subjetiva alguma" (Celso Antônio Bandeira de Mello. *Curso de direito administrativo*, p. 351). Neste caso, não haveria previsão legal tipificando o comportamento do poder concedente, mas previsão em instrumento convocatório ou no contrato de concessão.

contratual deve estar presente desde o certame licitatório, a existência de uma cláusula de prorrogação premial também deve ser, desde a origem, de conhecimento de todos os potenciais interessados em participar na licitação da concessão.

O Contrato de Concessão PBOG/SPB 51/98-ANATEL, para a prestação do Serviço Telefônico Fixo Comutado (STFC) Local, é um exemplo dessa possibilidade jurídica. De acordo com o instrumento, o prazo da concessão seria prorrogado uma única vez por 20 anos, desde que a concessionária atendesse às condições de prestação do serviço público estabelecidas no contrato.[80] Nesse caso, o poder concedente optou, na ocasião da estruturação da concessão, por tornar a prorrogação contratual obrigatória, caso a concessionária demonstrasse interesse e preenchesse as condições para receber o seu prêmio.

Essa situação – de direito subjetivo à prorrogação – somente poderia ser aventada pela concessionária no caso de o contrato expressamente prever que a prorrogação ocorrerá mediante o atendimento a determinados critérios objetivos. Não havendo disposições sobre esse tema, a prorrogação permanecerá sendo um ato discricionário do poder concedente e a concessionária não terá direito subjetivo à prorrogação.

2.5 Prorrogação contratual e o dever de licitar

Como mencionado no Capítulo 2, a Constituição Federal prevê que a delegação dos serviços públicos aos particulares deverá sempre ser precedida de licitação pública.[81] Expôs-se, também, que a

---

[80] Cláusula 3.1 do Contrato de Concessão 51/1998-ANATEL STFC Local.
[81] A regra constitucional comporta exceção. Apesar de o texto prever que a delegação do serviço público deve ocorrer por meio de licitação, ela nem sempre se mostrará adequada no caso concreto. Nesse sentido: "Vale dizer, por fim, que, mesmo tratando-se, inequivocamente, de concessões ou permissões de serviços públicos, seria inadequado falar na existência de um dever absoluto de licitar. Isso porque, a depender das peculiaridades do caso concreto, a licitação eventualmente poderá se mostrar inócua, ineficaz ou, simplesmente, desnecessária. Este cenário se materializaria, por exemplo, havendo impossibilidade fática de se configurar escassez de usuários de um serviço público qualquer. Nesse caso, por se tratar de mercado em tese infinito – capaz, portanto, de acomodar todos os prestadores de serviço interessados -, não faria sentido que a concessão ou permissão obrigatoriamente tivessem que ser precedidas de licitação. Afinal de contas, não haveria necessidade de disputa ou de competição, pelo simples fato de o mercado ser naturalmente capaz de absorver todos os potenciais interessados" (Carlos Ari Sundfeld; André Rosilho. Onde está o princípio universal da licitação? In: Carlos Ari Sundfeld; Guilherme Jardim Jurksaitis (Org.). *Contratos públicos e direito administrativo*. São Paulo: Malheiros, 2015. p. 30). Nesse sentido, v. Antônio Carlos Cintra do Amaral. *Concessão de serviço público*, p. 27).

Constituição Federal e a legislação ordinária não trazem balizas para a prorrogação dos contratos de concessão de serviço público. Diz apenas que a lei disporá sobre o seu caráter geral e que a possibilidade de prorrogação, quando for o caso, deve constar dos editais e dos respectivos instrumentos contratuais.

O dever de licitar previsto na Constituição Federal deve ser interpretado em seu contexto: o constituinte exigiu a condução de licitação pública para a outorga do serviço público aos particulares, mas não o fez em relação à prorrogação dos contratos. Tampouco o fez o legislador ordinário ao tratar, ainda que superficialmente, sobre o tema das prorrogações.

Não haveria lógica supor que a prorrogação dos contratos de concessão de serviço público deveria ser precedida de uma nova licitação pública. Afinal, nesse caso, o poder concedente deveria iniciar o processo licitatório convocando todos os potenciais interessados na outorga. Caso outro particular se sagrasse vencedor desse certame, surgiria a seguinte situação: o prazo de vigência do contrato original seria estendido, mas com concomitante transferência da titularidade da concessão à nova concessionária. Ou, ainda, um novo instrumento seria assinado com a concessionária vencedora da licitação, extinguindo-se a relação jurídica anterior.

Em ambos os cenários, não haveria a prorrogação do contrato de concessão, mas sim a inauguração de uma relação jurídica com nova concessionária e a extinção da relação anterior.

A possibilidade de prorrogação do contrato de concessão integra a relação jurídica original. Ou seja, a outorga do serviço público ao particular, essa sim precedida de licitação pública, pressupõe que todos os licitantes que participaram daquela licitação conheciam a possibilidade de o prazo de vigência do contrato de concessão ser prorrogado, nos termos de cláusula contratual nesse sentido contida nos instrumentos relevantes. Com isso posto, a extensão do prazo de vigência não pode ser interpretada como uma nova delegação para a concessionária, ainda que certas obrigações contratuais sejam alteradas.

A consequência dessa interpretação é: a norma constitucional exige a licitação pública para a delegação de um serviço público a particular, mas não para a prorrogação do contrato.[82] Essa afirmação,

---

[82] "É dizer, se de um lado o texto constitucional exige licitação para a outorga de concessão de serviço público, permite, de outro, a prorrogação dos contratos, que evidentemente se opera sem licitação. Os dois comandos constitucionais devem conviver de modo

contudo, não pode abrir margem para interpretações a favor de prorrogações indeterminadas dos contratos de concessão.[83]

Nesse sentido, o Supremo Tribunal Federal já destacou a impossibilidade de prorrogação indefinida dos contratos de concessão de serviço público. Entende-se que nesses casos, haveria violação aos preceitos constitucionais e legais, sobretudo em relação ao dever de licitar das concessões e permissões de serviços públicos.[84]

O Superior Tribunal de Justiça também se manifestou sobre o tema ao analisar a legalidade de termo aditivo que prorrogava o prazo de vigência de contrato de concessão para a prestação de serviços lotéricos no Estado do Goiás. O Ministro Mauro Campbell Marques manteve acórdão do Tribunal de Justiça do Estado de Goiás ao entender que a prorrogação realizada em descompasso com o texto do contrato e do edital de licitação violaria os princípios da isonomia e da vinculação ao instrumento convocatório.[85][86] Por fim, reconheceu que

---

harmônico, observando-se os princípios da proporcionalidade e da razoabilidade, não se admitindo que a autorização constitucional para a prorrogação das concessões acabe se tornando uma burla à exigência, também constitucional, de licitação. A regra é a licitação, como ensina Egon Bockmann Moreira: 'a faculdade de prorrogar não derroga a norma de obrigatoriedade de licitação, mas apenas a excepciona (logo, deve ser interpretada restritivamente)'" (Rafael Munhoz de Mello. *Prorrogação de concessão de serviço público*, p. 208).

[83] "O regime da concessão importa, necessariamente, a temporariedade da concessão. Não se admitem concessões eternas nem aquelas em que o concedente renuncie definitivamente ao poder de retomar o serviço. Essas soluções corresponderiam ou à transformação do serviço em privado (o que descaracterizaria uma concessão) ou à alienação de competências públicas (o que seria juridicamente inexistente). Por outro lado, a fixação de prazo não se constitui em obstáculo à retomada antecipada do serviço, fundada em razões de conveniência e interesse público, independentemente da prática de ato ilícito do concessionário. Não significa que a concessão seja pactuada por prazo indeterminado. Aliás, não se admite concessão com prazo indeterminado. A existência do prazo determinado desempenha duas funções fundamentais. A primeira consiste na delimitação do período pelo qual o particular desenvolverá o serviço. Logo, atingido o termo avençado, o serviço deverá retornar ao concedente. A segunda reside na garantia de que a extinção antecipada, sem culpa do concessionário, acarretará ampla indenização a ele. Se a concessão fosse pactuada por prazo indeterminado, poderia permanecer indefinidamente ou ser extinta a qualquer tempo, sem maiores consequências" (Marçal Justen Filho. *Teoria geral das concessões de serviço público*, p. 56).

[84] "Reconhecido é que prorrogação indefinida do contrato é burla às determinações legais e constitucionais quanto à licitação obrigatória para adoção do regime de concessão e permissão para exploração de serviços públicos" (Supremo Tribunal Federal, Plenário, ADI 5.991, Ministra Relatora Cármen Lúcia. Data do julgamento: 07.12.2020).

[85] "Sendo assim, fixado determinado prazo de duração para o contrato e também disposto, no mesmo edital e contrato, que esse prazo só poderá ser prorrogado por igual período, não pode a Administração alterar essa regra e elastecer o pacto para além do inicialmente fixado, sob pena de violação não apenas das disposições contratuais mas, sobretudo, de determinações impostas pela Constituição Federal e pela legislação que rege a exploração dos serviços de loterias. Aberta a licitação, todos os licitantes apresentaram propostas

as prorrogações indefinidas dos contratos de concessão afrontariam a ordem constitucional que exige a licitação pública para a delegação do serviço público.[87]

Quanto a isso, vale tecer algumas reflexões sobre a possibilidade de prorrogação sucessiva dos contratos de concessão.

No setor de telecomunicações, por exemplo, a Lei nº 9.472/1997 foi alterada em 2019, abrindo margem para entender-se pela possibilidade de uma prorrogação perpétua. A redação original do artigo 99 dessa lei, que trata das prorrogações dos contratos de concessão de serviços de telecomunicações, definia que o instrumento poderia ser prorrogado uma única vez, por igual período.[88]

A Lei nº 13.879/2019, no entanto, alterou esse dispositivo e passou a prever a possibilidade de os contratos serem prorrogados por iguais períodos e excluiu a expressão "uma única vez".[89] Poder-se-ia argumentar, dessa forma, que a lei teria autorizado a prorrogação sucessiva dos contratos de concessão de telecomunicações, sem limitar a quantidade de prorrogações.

---

considerando o prazo do contrato e a possível prorrogação por igual período, o que nos conduz à conclusão de que o termo que prorroga o contrato por período muito maior do que o previsto no edital ofende a regra que obriga ao procedimento licitatório" (Superior Tribunal de Justiça, Segunda Turma, REsp 912.402/GO, Ministro Relator Mauro Campbell Marques. Data do julgamento: 06.08.2009).

[86] "O princípio da igualdade significa a necessidade de adoção de um tratamento isonômico entre os licitantes; para isso, todos os ofertantes devem encontrar-se na mesma situação, contando com as mesmas facilidades e fazendo suas ofertas sobre bases idênticas. [...] O requisito da igualdade entre os licitantes é elementar, pois é apenas uma transferência do princípio geral da isonomia para o âmbito interno da licitação. [...] A estrita observância das condições estabelecidas no instrumento de abertura, desde que devidamente divulgadas e criteriosamente fixadas, asseguraria o necessário tratamento isonômico e proporcionaria condições para a realização de um julgamento o mais objetivo possível das propostas" (Adilson Abreu Dallari. *Aspectos jurídicos da licitação*. 7. ed. Saraiva, 2007. p. 44). Nesse sentido, v. Carlos Ari Sundfeld. *Licitação e contrato administrativo*. São Paulo: Malheiros, 1994. p. 21.

[87] "A prorrogação indefinida do contrato é forma de subversão às determinações legais e constitucionais para a concessão e permissão para exploração de serviços públicos, o que não pode ser ratificado por este Superior Tribunal de Justiça" (Superior Tribunal de Justiça, Segunda Turma, REsp 912.402/GO, Ministro Relator Mauro Campbell Marques. Data do julgamento: 06.08.2009).

[88] Artigo 99 da Lei nº 9.472/1997: "O prazo máximo da concessão será de vinte anos, podendo ser prorrogado, uma única vez, por igual período, desde que a concessionária tenha cumprido as condições da concessão e manifeste expresso interesse na prorrogação, pelo menos, trinta meses antes de sua expiração".

[89] Artigo 99 da Lei nº 9.472/1997, com redação dada pela Lei nº 13.879/2019: "O prazo máximo da concessão será de 20 (vinte) anos, prorrogável por iguais períodos, sendo necessário que a concessionária tenha cumprido as condições da concessão e as obrigações já assumidas e manifeste expresso interesse na prorrogação, pelo menos, 30 (trinta) meses antes de sua expiração".

A prorrogação sucessiva, no entanto, deve ser sempre analisada com parcimônia: outros setores a admitem, mas em condições diferentes. No setor portuário, por exemplo, os contratos de concessão de portos organizados e de arrendamento de instalações portuárias poderão ser prorrogados sucessivamente. Contudo, o mesmo dispositivo que autoriza as prorrogações sucessivas desses contratos também impõe o prazo máximo de vigência de 70 anos.[90]

Assim, se por um lado há a possibilidade de a concessionária/arrendatária e o poder concedente prorrogarem os instrumentos contratuais sucessivas vezes, por outro lado elas estarão sempre adstritas ao prazo máximo dos respectivos instrumentos e do próprio regulamento setorial.[91] E isso, como mencionado, está pautado nos princípios da isonomia e da vinculação ao instrumento convocatório, afinal as licitantes têm o direito de conhecer as condições dos contratos antes de formularem e apresentarem as suas propostas. No caso do setor portuário, sabe-se que os contratos poderão ser prorrogados, inclusive por períodos sucessivos, mas nunca além do prazo máximo de 70 anos.

Há posicionamentos contrários à prorrogação de contratos de concessão por sucessivas vezes por entender que essa situação violaria o dever estatal de licitar as concessões de serviço público.[92] Esses

---

[90] Artigo 19 do Decreto nº 8.033/2013: "Os contratos de concessão e de arrendamento terão prazo determinado, prorrogável por sucessivas vezes, a critério do poder concedente, observados os seguintes limites: I - no caso de concessão de porto organizado, os contratos terão prazo de vigência de até setenta anos, incluídos o prazo de vigência original e todas as prorrogações; e II - no caso de arrendamento de instalação portuária, os contratos terão prazo de vigência de até trinta e cinco anos, e poderão ser prorrogados até o máximo de setenta anos, incluídos o prazo de vigência original e todas as prorrogações".

[91] "Além disso, o Decreto nº 9.048 passou a estabelecer que as prorrogações podem ocorrer sucessivas vezes, até o limite máximo de setenta anos, incluídos o prazo de vigência original e todas as prorrogações. Com isso, deixou de haver a previsão – absolutamente sem sentido, diga-se de passagem –, de que a prorrogação somente poderia ocorrer uma única vez e por período não superior ao originalmente contratado. Assim, por exemplo, um contrato de arrendamento portuário firmado pelo prazo de trinta anos poderá ser prorrogado uma vez por trinta e cinco anos, e depois mais uma vez por cinco anos adicionais. Essa hipótese, que seria inviável anteriormente, passou a ser aceita com a edição do Decreto nº 9.048" (Rafael Wallbach Schwind. Modificações na regulamentação do setor portuário – as novidades introduzidas pelo Decreto nº 9.048. In: Cesar Pereira; Rafael Wallbach Schwind (Org.). *Direito portuário brasileiro*. 2. ed. rev., ampl. e atual. Belo Horizonte: Fórum, 2018, p. 61-62).

[92] "Para que a prorrogação por interesse público (comum ou antecipada) seja realizada validamente, é preciso, ainda, que o contrato de concessão de serviço público não tenha sido prorrogado, anteriormente, por razões de conveniência e oportunidade do Poder Concedente. [...] a prorrogação por interesse público (comum ou antecipada) das demais concessões de serviço público só pode ser realizada 1 (uma) única vez, vedada, portanto, a possibilidade de prorrogações sucessivas – mesmo que tal possibilidade esteja prevista

entendimentos, contudo, estão mais relacionados com a prorrogação indefinida – cuja inconstitucionalidade parece mais evidente – do que com o fato de o contrato original ou o edital de licitação preverem, desde o certame licitatório, a possibilidade de o contrato ser prorrogado sucessivas vezes, observado um prazo máximo de vigência.

Nos casos em que a legislação aplicável ao setor da outorga expressamente estabeleça que a prorrogação somente poderá ocorrer uma única vez, o poder concedente não poderá agir de maneira diversa. De igual modo, não poderá prorrogar os contratos de concessão por sucessivas vezes caso o instrumento convocatório ou o contrato preveja que esse somente poderá ser prorrogado uma única vez. É o caso, por exemplo, do setor rodoviário e ferroviário federal, no qual a legislação determina que a prorrogação será admitida se já não houver ocorrido anteriormente e por período igual ou inferior ao prazo original da outorga.[93]

Dessa forma, não haverá burla ao dever de licitar se a legislação não vedar a prorrogação sucessiva e o edital de licitação ou o contrato de concessão preverem essa possibilidade.[94]

Por fim, vale destacar que há uma exceção ao regime jurídico dos prazos determinados e prorrogações sucessivas no nosso ordenamento jurídico. Trata-se das concessões de serviços de radiodifusão sonora e

---

em lei e no edital de licitação/contrato de concessão (previsões que, a nosso sentir, são inválidas). Em verdade, parece-nos que a prorrogação sucessiva das concessões de serviço público por razões de conveniência e oportunidade do Poder Concedente é uma 'contrafação administrativa real' de renovação das concessões de radiodifusão, tomada a CRFB/88, art. 223, como parâmetro" (Felipe Montenegro Viviani Guimarães. *Prorrogação por interesse público das concessões de serviço público*. São Paulo: Quartier Latin, 2018, p. 197/206).

[93] Artigo 5º, §3º, da Lei nº 13.448/2017: "Para fins do disposto nesta Lei, e desde que já não tenha sido prorrogado anteriormente, o contrato de parceria poderá ser prorrogado uma única vez, por período igual ou inferior ao prazo de prorrogação originalmente fixado ou admitido no contrato".

[94] "O contrato de concessão deve ter prazo certo (art. 23, I, da Lei nº 8.987/95), mas a lei não indicou limite geral a ser observado. Cabe ao poder concedente, em vista das particularidades do objeto da outorga, pactuar o prazo adequado para viabilizá-la. A lei também foi aberta em relação à prorrogação desses contratos. Não houve limitação quanto ao número possível de prorrogações; a lei apenas estabeleceu como cláusula necessária aos contratos de concessão a que tratasse das 'condições para prorrogação do contrato' (art. 23, XII). Os requisitos para prorrogação, inclusive o número de vezes em que será admitida, devem ser disciplinados no próprio contrato. A Lei nº 8.987/95 indicou a necessidade de tratar contratualmente do assunto, mas não fez qualquer determinação sobre o conteúdo a ser estabelecido sobre essa matéria" (Carlos Ari Sundfeld; Jacintho Arruda Câmara. Uma crítica à tendência de uniformizar com princípios o regime dos contratos públicos. *Revista de Direito Público da Economia - RPDE*, Belo Horizonte, ano 11, n. 41, p. 57-72, jan./mar. 2013. p. 64).

de sons e imagens e seu tratamento diferenciado no texto constitucional. Nesse setor, a própria Constituição Federal atribuiu prazo determinado para as concessões (dez anos para as emissoras de rádio e quinze anos para as de televisão).[95]

O advento do prazo de vigência das concessões de radiodifusão sonora e de sons e imagens não extingue automaticamente o instrumento contratual, tampouco transfere automaticamente a exploração do serviço ao poder público (como ocorreria nos demais regimes de concessão de serviço público). A Constituição Federal estabelece que a não renovação da concessão ou permissão dependerá de aprovação de, no mínimo, dois quintos do Congresso Nacional, em votação nominal.[96]

Ao contrário das demais concessões de serviços públicos, a extensão do prazo de vigência das concessões de radiodifusão sonora e de sons e imagens é a regra, e não a exceção.[97] A Lei nº 4.117/1962, que instituiu o Código Brasileiro de Telecomunicações, destaca a renovação por períodos sucessivos e iguais dos contratos de concessão desse setor, condicionado ao cumprimento das obrigações legais e contratuais, preservação das condições técnicas, financeiras e morais e atendimento ao interesse público.[98]

---

[95] Artigo 223, §5º, da Constituição Federal. Destaca-se que o constituinte adotou o termo "renovação" quando se referiu à extensão do prazo de vigência das concessões dos serviços de radiodifusão sonora ou de sons e imagens, ao contrário da expressão utilizada ao se referir às concessões de serviços públicos no artigo 175, parágrafo único, I (prorrogação). Inexistem, contudo, indícios de que essa diferenciação foi proposital para permitir a extensão sucessiva do prazo de vigência somente às concessões deste setor.

[96] Artigo 223, §2º, da Constituição Federal.

[97] "Há, por exemplo, importante segmento dos serviços públicos para o qual a própria Constituição Federal assegura a continuidade do vínculo, autorizando – e até incentivando – a prorrogação sucessiva das concessões. Trata-se do setor de radiodifusão. Deveras, as concessões para exploração dos serviços de radiodifusão sonora ou de sons e imagens têm prazo definido na própria Constituição (10 e 15 anos, respectivamente – art. 223, §5º), mas podem ser renovadas por deliberação do Chefe do Executivo e do Congresso Nacional. Aliás, a opção claramente assumida pelo constituinte foi pela continuidade do vínculo, pois exigiu que a não renovação da outorga contasse com a aprovação de, no mínimo, dois quintos do Congresso Nacional em votação nominal (art.223, §2º)" (Carlos Ari Sundfeld; Jacintho Arruda Câmara. *Uma crítica à tendência de uniformizar com princípios o regime dos contratos públicos*, p. 65).

[98] Artigo 67, parágrafo único, da Lei nº 4.117/1962. Nesse sentido: "[d]e fato, o CBT prevê que as concessões sejam renovadas por períodos sucessivos e iguais desde que (i) a concessionária esteja adimplindo suas obrigações legais e contratuais; (ii) preserve as suas condições técnicas, financeiras e morais habilitantes; e (iii) reste atendido o interesse público. Se o regime do CBT ainda admitia alguma margem de opção do poder concedente, a Constituição de 1988 tornou praticamente indesviável a renovação. O art. 223, §2º, da Constituição estabelece que a decisão de não renovação da concessão tem de ser aprovada pelo Congresso Nacional, em votação que exige o quórum qualificado de, no mínimo,

2.6 Síntese

No plano normativo, a Constituição Federal atribui ao legislador ordinário a tarefa de dispor sobre o regime especial das prorrogações de contratos de concessão de serviços públicos. A legislação geral sobre concessões, a Lei nº 8.987/1995, não traz detalhes sobre os limites, condições e efeitos das prorrogações contratuais, limitando-se a prever que os editais de licitação e os respectivos contratos deverão dispor sobre o tema. Transferiu-se, portanto, a responsabilidade para que o administrador, em seu juízo discricionário, regresse a matéria no instrumento convocatório da licitação e no respectivo contrato de concessão.

Em casos específicos, ou seja, em determinados atos normativos que dispõem sobre serviços públicos de titularidade da União, como os serviços de telecomunicações e portuário, o legislador tratou sobre o tema com maior detalhamento, incluindo certas especificidades para que as prorrogações de contratos desses setores fossem autorizadas.

A despeito da miríade de especificidades aplicáveis para cada serviço público, as prorrogações de contratos de concessão de serviços públicos não estão sujeitas a novo processo de licitação. A não incidência do dever de licitar às prorrogações contratuais não pode, contudo, ser confundida com uma autorização para prorrogações eternas das outorgas. Sobre isso, o Superior Tribunal de Justiça e o Supremo Tribunal Federal já se manifestaram quanto à ilegalidade de o poder concedente prorrogar, indefinidamente, o prazo de vigência de concessões de serviço público.

Por fim, explorou-se três modalidades de prorrogações contratuais: a prorrogação por reequilíbrio econômico-financeiro, quando o poder concedente opta pela ampliação do prazo de vigência contratual para recompor a relação jurídica desequilibrada; a prorrogação para a continuidade do serviço público, em casos emergenciais e visando à manutenção da prestação do serviço público pela mesma concessionária enquanto não houver nova licitação do mesmo serviço público concedido; e a prorrogação ordinária, motivada por razões de conveniência e oportunidade do poder concedente.

A partir do Capítulo 3, analisar-se-á a quarta modalidade de prorrogação dos contratos de serviços públicos e objeto principal deste estudo: as prorrogações antecipadas.

---

dois quintos. Portanto, a partir da Carta de 1988, não só a renovação passou a ser possível e automática, como a regra fixada é que ela só pode ser afastada mediante manifestação congressual qualificada" (Floriano de Azevedo Marques Neto. *Concessões*, p. 225-226).

CAPÍTULO 3

AS PRORROGAÇÕES ANTECIPADAS DE CONTRATOS DE CONCESSÃO DE SERVIÇOS PÚBLICOS

3.1 Origem da expressão "prorrogação antecipada"

O primeiro ato legislativo a dispor expressamente sobre a antecipação de prorrogações de contratos de concessão foi a Medida Provisória 579/2012. Esse ato teve por objeto autorizar a prorrogação de concessões do setor de energia elétrica, outorgadas anteriormente à Lei nº 8.987/1995, a critério do poder concedente, para assegurar a continuidade, eficiência da prestação do serviço e a modicidade tarifária.

A exposição de motivos da MP 579/2012 apresentou o cenário de amortização e depreciação dos investimentos originalmente previstos para as concessões de geração, distribuição e transmissão de energia elétrica e a proximidade do advento do termo contratual dessas concessões. Como proposta de política pública, a prorrogação dessas concessões visaria à "captura da amortização e depreciação dos investimentos realizados nos empreendimentos de geração e nas instalações de transmissão e de distribuição de energia elétrica".[99]

Buscou-se, portanto, autorizar a prorrogação dos prazos contratuais das concessões do setor de energia elétrica e, como contrapartida pela extensão das outorgas, incluir novas condições para assegurar a modicidade tarifária e a continuidade do suprimento de energia elétrica no país.[100]

---

[99] Item 3 da Exposição de Motivos Interministerial nº 37/MME/MF/AGU, de 11 de setembro de 2012.

[100] Nos termos do artigo 1º, §1º, da MP 579/2012, as concessionárias deveriam aceitar expressamente as seguintes condições: (i) remuneração por tarifa calculada pela Agência

Como regra, estabeleceu-se que as concessionárias deveriam pleitear as prorrogações com antecedência mínima de 5 anos da data final do respectivo contrato ou ato de outorga.[101] Para as concessões que já estivessem com vigência inferior a 5 anos quando da publicação da MP 579/2012, isto é, com encerramento previsto até 11 de setembro de 2017, as concessionárias deveriam apresentar os seus pedidos de prorrogação em até 30 dias da data da vigência da MP 579/2012.[102]

Houve, ainda, a inclusão de uma nova possibilidade: a antecipação da prorrogação em até 5 anos do advento do termo contratual ou do ato de outorga.[103] A exposição de motivos da MP 579/2012 tratou essa previsão como possibilidade de "antecipação da captura do benefício da amortização dos investimentos em favor dos consumidores finais, em consonância com o princípio da modicidade tarifária".[104]

Como consequência da antecipação dos efeitos da prorrogação, o poder concedente recebeu o encargo de definir a tarifa ou a receita inicial para as concessionárias de geração, transmissão e distribuição.[105] A MP 579/2012 ainda determinou que a ANEEL realizasse a revisão extraordinária das tarifas de uso dos sistemas de transmissão para contemplar a receita das concessionárias e procedesse à revisão tarifária extraordinária das concessionárias de distribuição de energia elétrica, sem prejuízo do reajuste tarifário anual previsto nos contratos de concessão.[106]

Uma vez aprovado o pedido das concessionárias, a MP 579/2012 definiu duas metodologias de contagem dos prazos das concessões prorrogadas: para as prorrogações sem antecipação de efeitos, contar-se-ia a partir do primeiro dia subsequente ao termo do prazo de concessão; para as prorrogações com antecipação dos seus efeitos, a partir do primeiro dia do mês subsequente ao da assinatura do contrato de concessão ou termo aditivo.[107]

Nacional de Energia Elétrica para cada usina hidrelétrica, (ii) alocação de cotas de garantia física de energia e de potência da usina hidrelétrica às concessionárias de serviço público de distribuição de energia elétrica do Sistema Interligado Nacional – SIN, a ser definida pela ANEEL e (iii) submissão aos padrões de qualidade do serviço fixados pela ANEEL.

[101] Artigo 11, *caput*, da MP 579/2012.
[102] Artigo 11, §1º, da MP 579/2012.
[103] Artigo 12, *caput*, da MP 579/2012.
[104] Item 12 da Exposição de Motivos Interministerial nº 37/MME/MF/AGU, de 11 de setembro de 2012.
[105] Artigo 13, *caput*, da MP 579/2012.
[106] Artigo 13, §1º e 2º, da MP 579/2012.
[107] Artigo 14, I e II, da MP 579/2012.

Apesar de não haver uma definição quanto ao conceito de prorrogação antecipada na MP 579/2012, esse ato legislativo introduziu no direito positivo a possibilidade de as concessões do setor de energia elétrica serem prorrogadas com a antecipação dos seus efeitos. A partir das balizas delineadas na MP 579/2012, e justificadas na sua exposição de motivos, é possível identificar que a antecipação dos efeitos da prorrogação teve como propósito permitir que as concessionárias explorassem o serviço público por maior período, mas condicionado à alteração imediata do regime tarifário em favor dos usuários.

Próximo à data da edição da MP 579/2012, houve a promulgação de outro ato normativo que dispunha sobre prorrogações antecipadas: a Lei Federal nº 12.815/2013 que disciplina a exploração direta e indireta, pela União, de portos e instalações portuárias e sobre as atividades desempenhadas pelos operadores portuários. Essa lei, também conhecida como Lei dos Portos, derivou da Medida Provisória 595/2012, cuja redação original não previa a possibilidade de antecipar os efeitos das prorrogações nos contratos do setor portuário.

A inclusão da prorrogação antecipada em contratos de arrendamento do setor portuário ocorreu por iniciativa do Congresso Nacional, no Projeto de Lei de Conversão 9 de 2013, e sob a justificativa de "privilegia[r] o interesse público em obter maior eficiência nos portos organizados, estimulando investimentos privados, em prol do interesse público".[108]

A Lei nº 12.815/2013 foi promulgada com seu artigo 57 autorizando a prorrogação antecipada de contratos de arrendamento (i) assinados sob a vigência da Lei nº 8.630, de 25 de fevereiro de 1993 (lei que regia o setor portuário até a promulgação da Lei nº 12.815/2013), (ii) em vigor, (iii) com previsão expressa de prorrogação, (iv) ainda não prorrogados e (v) a critério do poder concedente. Além desses requisitos cumulativos, a Lei nº 12.815/2013 ainda condicionou a prorrogação antecipada à aceitação expressa, pelo arrendatário, de realizar investimentos nos termos do plano elaborado pelo próprio arrendatário e aprovado pelo poder concedente.

Assim como no setor de energia elétrica, não houve, tanto na edição da MP 595/2012 quanto na sua conversão na Lei nº 12.815/2013,

---

[108] Parecer 14, de 2013-CN, de relatoria do Senador Eduardo Braga. Disponível em: https://legis.senado.leg.br/sdleg-getter/documento?dm=3767101&ts=1630436672199&disposition=inline. Acesso em: 3 jun. 2022.

uma definição do conceito de prorrogação antecipada, mas apenas dos requisitos necessários para a sua efetivação. Entre eles, a inclusão de investimentos no contrato de arrendamento, que se caracteriza como um dos mais relevantes para fins da aceitação do pedido de prorrogação antecipada. Isto é, a antecipação do efeito da prorrogação justificar-se-ia pela inclusão e realização de investimentos anteriores ao advento do prazo original pela arrendatária.[109]

3.2 Definição das prorrogações antecipadas

As prorrogações antecipadas integram a modalidade das prorrogações ordinárias dos contratos de serviço público. Por essa razão, pressupõe-se a ampliação do prazo de vigência originalmente avençada entre concessionária e poder concedente para a prestação do serviço público.

A sua principal característica, e que a distingue da prorrogação ordinária, é o fator temporal.

Essa característica pode ser verificada no plano infraconstitucional, ainda que em atos normativos específicos para alguns setores regulados. É o caso, por exemplo, da Lei nº 13.448/2017, que dispõe sobre as prorrogações nos setores rodoviário e ferroviário. Nela, a prorrogação antecipada é definida como aquela em que a alteração do prazo de vigência do contrato produz efeitos antes do término da vigência do ajuste.[110] A prorrogação contratual, que neste trabalho é tratada como prorrogação ordinária, seria a alteração do prazo de vigência do contrato em razão do término da vigência do ajuste.[111]

A única diferença entre as duas definições legais é cronológica e de interesse público: cronológica, afinal a prorrogação antecipada produz "efeitos antes do término da vigência", enquanto a prorrogação

---

[109] De acordo com o Ministério Público junto ao Tribunal de Contas da União: "18. Outrossim, diante da juridicidade da prorrogação dos contratos de arrendamento portuário, não se vislumbram óbices legais à antecipação temporal da implementação dessas prorrogações, condicionada à realização de investimentos previamente aprovados pela Administração. A antecipação de investimentos cuja amortização seria inviável apenas no prazo contratual remanescente foi um dos mecanismos previstos pelo novo marco legal para impulsionar o processo de modernização e ampliação de oferta de serviços portuários, ao lado das licitações de novos arrendamentos e de autorizações de novos terminais privativos" (Tribunal de Contas da União, Plenário, Acórdão 2.200/2015, TC 024.882.2014-3, Ministra Relatora Ana Arraes. Data de julgamento: 02.09.2015).

[110] Artigo 4º, II, da Lei nº 13.448/2017.

[111] Artigo 4º, I, da Lei nº 13.448/2017.

ordinária ocorre "em razão do término da vigência do ajuste".[112] De interesse público, pois a prorrogação antecipada carrega consigo um ônus argumentativo maior para justificar a extensão do prazo de vigência em momento anterior ao vencimento da concessão.

A diferença entre a prorrogação ordinária e a prorrogação antecipada reside, portanto, no momento da produção dos seus efeitos. Afinal, para as concessões federais dos setores rodoviário e ferroviário, o pedido da prorrogação contratual, salvo por dispositivo contratual em contrário, deve ser apresentado pela concessionária com antecedência mínima de 24 meses do término de vigência originalmente firmado.[113] Por sua vez, o pedido de prorrogação antecipada deve ser apresentado ao órgão ou entidade competente quando a vigência contratual encontrar-se entre 50% e 90% do prazo originalmente estipulado.[114]

Outros atos normativos, no plano estadual e municipal, inspirados na legislação federal, trazem a mesma distinção entre prorrogação ordinária e prorrogação antecipada. É o caso, por exemplo, da Lei nº 16.933/2019 do Estado de São Paulo e da Lei nº 17.731/2022 do Município de São Paulo, que estabelecem as diretrizes gerais para a prorrogação e a relicitação dos contratos de parceria em suas esferas.[115]

---

[112] Há, aqui, uma impropriedade técnica do ato normativo que merece nota. Qualquer prorrogação contratual deve ser formalizada antes do término da vigência do ajuste. Dizer que a prorrogação contratual tem lugar "em razão do término da vigência do ajuste" não pode ser interpretado como a formalização de uma prorrogação após o encerramento do termo contratual. "Término do prazo: a extinção do contrato pelo término de seu prazo é a regra nos ajustes por tempo determinado, nos quais o prazo é de eficácia do negócio jurídico contratado, de modo que, uma vez expirado, extingue-se o contrato, qualquer que seja a fase de execução de seu objeto [...]. A expiração do prazo de vigência, sem prorrogação, opera de pleno direito a extinção do contrato. O contrato extinto não se prorroga nem se renova, exigindo novo ajuste para a continuação das obras, serviços ou fornecimentos anteriormente contratados" (Hely Lopes Meirelles. *Direito administrativo brasileiro*, 20. ed., São Paulo: Revista dos Tribunais, 1995, p. 216-217).

[113] Artigo 5º, §2º, da Lei nº 13.448/2017.

[114] Artigo 6º, §1º, da Lei nº 13.448/2017.

[115] Artigo 3º da Lei nº 16.933/2019 do Estado de São Paulo: "Para os fins desta lei, considera-se: I - prorrogação contratual: alteração do prazo de vigência do contrato de parceria, realizada a critério do órgão ou da entidade competente, fundamentadamente, e de comum acordo com o contratado, em razão do término da vigência do ajuste; II - prorrogação antecipada: alteração do prazo de vigência do contrato de parceria, realizada a critério do órgão ou da entidade competente, fundamentadamente, e de comum acordo com o contratado, produzindo efeitos antes do término da vigência do ajuste [...]".
Artigo 3º da Lei nº 17.731/2022 do Município de São Paulo: "Para os fins desta Lei, considera-se: I - prorrogação contratual: ato administrativo relacionado à alteração do prazo de vigência do contrato de parceria, realizada a critério do órgão ou da entidade competente, fundamentadamente, e de comum acordo com o contratado, em razão do término da vigência do ajuste; II - prorrogação antecipada: ato administrativo relacionado à alteração do prazo de vigência do contrato de parceria, realizada a critério do órgão

Tanto a legislação paulista quanto a paulistana não trazem balizas acerca do exato momento em que a concessionária deve apresentar seu pedido de prorrogação para caracterizá-lo como uma prorrogação contratual ou prorrogação antecipada. E isso tem uma razão de ser: a previsão legal em âmbito federal estabelece que prorrogações antecipadas dos setores rodoviário e ferroviário são aquelas requeridas pelas concessionárias entre 50% e 90% do termo originalmente avençado. Essa definição foi feita pelo legislador federal, não havendo nenhum elemento no processo legislativo que justifique a adoção de tais percentuais.

Assim, os atos normativos em âmbito estadual e municipal sobre o mesmo tema resolveram, por decisão do Poder Legislativo, não fixar um momento para caracterizar o pedido de prorrogação antecipada.

De todo modo, os três atos normativos usados a título de exemplo trazem a mesma ideia sobre a prorrogação antecipada: ela tem como função promover a prorrogação do prazo de vigência do contrato de concessão, mas com a antecipação dos seus efeitos. Isso significa que, enquanto os efeitos de eventual prorrogação ordinária surgiriam próximos ao vencimento da concessão, a prorrogação antecipada atrairá os efeitos da extensão do vínculo jurídico para o momento da sua formalização. Trata-se de uma distinção cronológica.[116]

Não significa que a assinatura do termo aditivo que prorrogar o contrato de concessão obrigará a concessionária a realizar investimentos novos de forma imediata, isto é, no dia subsequente à assinatura do termo aditivo que formaliza a prorrogação. As novas obrigações acordadas com o poder concedente poderão ser programadas ao longo do prazo remanescente da concessão. O que ocorrerá com a formalização da prorrogação antecipada será a garantia à concessionária de que o serviço público poderá ser explorado por um maior prazo.

Ao longo da execução do contrato de concessão, pode-se verificar que os investimentos originalmente alocados à concessionária foram insuficientes ou foram amortizados em tempo inferior ao que havia

---

ou da entidade competente, fundamentadamente, e de comum acordo com o contratado, produzindo efeitos antes do término da vigência do ajuste; [...]".

[116] "A distinção entre elas é mais cronológica do que de essência. Em ambos os casos, o que está em causa é definir um novo programa de investimentos que seja compatível com o prazo de exploração definido na renovação – e o contrato já deve prever a possibilidade de prorrogação. O que distingue as duas medidas é o momento de implementação dessas medidas. Num caso, isso se avalia por ocasião da extinção do vínculo. Noutro, isso se dá antes do término do lapso temporal avençado, daí chamar-se tal modalidade de antecipada" (Bernardo Strobel Guimarães; Heloísa Conrado Caggiano. *O que mudou no direito das concessões com a aprovação da MP nº 752*, p. 12).

sido programado. Ainda, considerando que os contratos de concessão de serviço público tendem a ter longos prazos de duração, é razoável pressupor o surgimento de novas necessidades dos usuários e que não estariam contempladas no contrato original. Em ambos os casos, a prestação adequada do serviço público dependeria da inclusão de novos investimentos a cargo da concessionária.[117]

A antecipação dos efeitos de uma prorrogação também pode ser utilizada com o objetivo de assegurar a modicidade tarifária das concessões, isto é, com a finalidade de redução das tarifas cobradas pelas concessionárias, ou para obtenção de novo pagamento de outorga ao poder concedente. Essas condições serão individualmente analisadas como contrapartidas da prorrogação antecipada no Capítulo 5.

De todo modo, a prorrogação antecipada estará sempre relacionada com a prestação adequada do serviço público aos usuários. Com isso em pauta, o poder concedente e a concessionária poderão avaliar quais contrapartidas serão incluídas na avença para fazer com que o efeito da prorrogação prevista para momento futuro surta efeitos imediatos.

---

[117] "A prorrogação antecipada do contrato, nesse sentido, é ferramenta à disposição do gestor público para que, avaliando a qualidade e os resultados entregues pelo concessionário no âmbito do projeto em específico, possa optar pela renovação do contrato por um bloco de prazo juridicamente previsto, mas que ainda não integra o patrimônio jurídico do parceiro privado, em troca da assunção de novos investimentos que não componham sua cesta original de obrigações. Ganha com a manutenção de um serviço a contento, e a incorporação imediata de novos investimentos, em infraestrutura pública, que teriam de ser adiados até o final da vigência contratual, sem o aporte de recursos públicos (subsídios), ou tampouco aumento tarifário. Tudo isso, em troca da transformação de expectativa de prazo, em prazo. Ou seja: da monetização de expectativa em certeza" (Armando Castelar Pinheiro; Leonardo Coelho Ribeiro. As Leis nº 13.334/2016 (PPI) e 13.448/2017 e seus impactos para as concessões ferroviárias. *Revista de Direito Público da Economia* – RDPE, Belo Horizonte, ano 16, n. 62, p. 9-37, abr./jun. 2018, p.21).
Nos mesmos termos manifestou-se a Secretaria de Fiscalização de Infraestrutura Portuária e Ferroviária do Tribunal de Contas da União: "180. A prorrogação ordinária ocorre quando, havendo previsão na avença original e atendidos os requisitos estabelecidos contratualmente, o contrato é prorrogado dentro do limite temporal previsto, a critério do poder concedente, que definirá as condições técnico-administrativas e econômico-financeiras necessárias à prorrogação, cabendo ao contratado aceitar ou não os novos termos. 181. Por sua vez, a prorrogação antecipada, para os setores rodoviário, ferroviário e aeroportuário da administração pública federal, é instrumento previsto nos arts. 4º e 6º da Lei nº 13.448/2017, e ocorrerá por meio da inclusão de investimentos não previstos em instrumento contratual vigente de concessão rodoviária ou ferroviária. 182. Ou seja, a prorrogação antecipada faz uso de previsão contida em contrato com o prazo máximo possível predefinido, mas que até o momento da celebração tratava-se de uma mera expectativa de prorrogação. Com a sua efetiva antecipação, a expectativa é transformada e incorporada definitivamente ao patrimônio do contratado, com a dilação do prazo para uma nova data de vigência, até o limite máximo previsto no contrato" (Tribunal de Contas da União, Plenário, Acórdão 2.876/2019, TC 009.032/2016-9, Ministro Relator Augusto Nardes. Data de julgamento: 27.11.2019).

Com base nessa análise, entende-se que a prorrogação antecipada é a *alteração bilateral da cláusula de vigência dos contratos de concessão, cujo objeto é ampliação do prazo de vigência em momento significativamente anterior ao encerramento original do contrato e mediante a inclusão de novas obrigações (contrapartidas) da concessionária, com efeitos imediatos após a assinatura do termo aditivo.*

Ainda que a ampliação do prazo de vigência da concessão não seja formalmente definida como prorrogação antecipada, se ela produzir efeitos na concessão antes do advento do termo contratual originalmente fixado, entende-se que ela antecipará os efeitos da prorrogação ordinária. E, portanto, estará enquadrada na modalidade antecipada das prorrogações contratuais.

O debate sobre o enquadramento entre a prorrogação ordinária e a prorrogação antecipada ocorreu no âmbito da prorrogação contratual da concessão de distribuição de gás canalizado no Estado de São Paulo. Tanto o requerimento formulado pela concessionária quanto os estudos técnicos preparados pelo poder concedente e a agência reguladora estadual consideraram a prorrogação como antecipada e consubstanciada na Lei Estadual nº 16.333/2019.

Isso porque o Contrato de Concessão CPSE 01/99, assinado em 31 de maio de 1999, estabelecia o prazo de vigência de trinta anos, logo até 31 de maio de 2029, e a concessionária apresentou o seu pedido de prorrogação antecipada em 17 de setembro de 2019, com o propósito de acrescentar mais vinte anos de vigência ao termo final originário.[118] Ao longo da instrução do pedido de prorrogação, o poder concedente e a concessionária acordaram diversas contrapartidas, cujos efeitos passariam a repercutir na relação jurídica logo após a assinatura do termo aditivo da prorrogação.[119]

---

[118] O Contrato de Concessão previa que a outorga poderia ser prorrogada, por uma única vez, por mais 20 anos: "Cláusula Quinta – Prazo da Concessão e do Contrato. referida na Cláusula Primeira, tem prazo de vigência de 30 (trinta) anos, contado a partir da data da sua assinatura. Primeira Subcláusula - A critério exclusivo do PODER CONCEDENTE, e para assegurar a continuidade e qualidade do serviço público, com base nos relatórios técnicos sobre regularidade e qualidade dos serviços prestados pela CONCESSIONÁRIA, o prazo da concessão poderá ser prorrogado, uma única vez, por 20 (vinte) anos, mediante requerimento da CONCESSIONÁRIA".

[119] "A presente minuta do 7º Termo Aditivo contempla a prorrogação por 20 anos a partir de 31 de maio de 2029, o ajuste nas datas de processamento tarifário, a previsão de investimentos mínimos nos ciclos finais da concessão, o detalhamento sobre a manutenção do equilíbrio econômico-financeiro, a previsão de bens indenizáveis na hipótese de reversão, a alteração da forma de cálculo do Termo de Ajuste K para capitalização linear da taxa Selic ao longo

A Procuradoria-Geral do Estado de São Paulo, por sua vez, manifestou-se destacando que o caso concreto não comportava a prorrogação em sua modalidade antecipada tal como aludida na Lei Estadual nº 16.333/2019. De acordo com o órgão jurídico, o ato normativo paulista estabelece que o prazo máximo de prorrogação do contrato de concessão será aquele tempo estipulado para a amortização dos investimentos realizados ou para reequilíbrio contratual. Essa limitação seria incompatível com o caso concreto em função das particularidades das concessões de distribuição de gás canalizado, as quais exigem constantes investimentos durante todo o prazo da concessão.[120]

Opinou-se favoravelmente à prorrogação contratual, mas pela modalidade ordinária da prorrogação, e não pela antecipada tal como definida na legislação paulista. Apesar da recomendação da Procuradoria-Geral do Estado de São Paulo, o poder concedente adotou os requisitos previstos na Lei Estadual nº 16.333/2019 para a prorrogação do Contrato de Concessão CPSE 01/99 e, ao final, fez prever no

---

do ciclo, regras sobre a integração vertical e transferência de controle acionário, seguros, garantia de execução, conformidade (compliance), acesso a informação e modo amigável de solução de divergências, além do refinamento de parâmetros e penalidades aplicáveis e extinção das ações judiciais em curso" (Ofício SIMA/GAB/1087/2020, datado de 12 de novembro de 2020, do Gabinete do Secretário de Infraestrutura e Meio Ambiente do Estado de São Paulo, Processo SIMA 011797/2019-79. Disponível em: http://www.arsesp.sp.gov.br/ConsultasPublicasBiblioteca/Oficio_SIMA-GAB-1087-2020.pdf. Acesso em: 14 jun., 2022).

[120] "102. Diante da diluição da necessidade de investimentos ao longo de todo o período contratual, impende reconhecer que a realidade econômico-financeira do setor de gás se mostra distinta daquela vista, por exemplo, nos setores rodoviário e metroferroviário, nos quais os investimentos se concentram nos primeiros anos do contrato para implantação ou extensão da infraestrutura e, como normalmente não se preveem novos ciclos de investimentos no curso da execução contratual, o tempo remanescente é utilizado para operação da infraestrutura já implantada e sua manutenção com eventuais investimentos de menor vulto voltados apenas à preservação do ativo já implantado. [...] 104. Por consequência, prorrogando-se o contrato como contrapartida à incorporação de novos investimentos, é condizente se exigir, como o faz a Lei Estadual nº 16.933/2019, que o prazo adicional limite-se àquele estritamente necessário à amortização do capital investido, pois assim não se desnatura a lógica econômico-financeira do contrato. O que nos leva a concluir que setores desse gênero serão potencialmente incluídos no escopo de aplicação do diploma legal, como os sobreditos segmentos rodoviário e metroferroviário. [...] 106. No caso do gás canalizado, como já salientado, a concessão é estruturada em lógica distinta daquela legalmente exigida, de forma que a simples expressão textual da possibilidade de prorrogação de prazo pela inclusão de novos investimentos no diploma normativo não se mostra razão suficiente a permitir que seja aplicada a prorrogação ali prevista aos contratos integrantes desse setor" (Parecer SubG-Cons n.º 65/2020, datado de 03 de agosto de 2020, Processo SIMA 011797/2019-79. Disponível em: http://www.arsesp.sp.gov.br/ConsultasPublicasBiblioteca/10.%20Parecer%20PGE%2065-2020.pdf. Acesso em: 14 jun., 2022).

7º Termo Aditivo a expressão "prorrogação antecipada" para descrever a ampliação do prazo de vigência da concessão.[121]

A despeito da discussão sobre as particularidades dos investimentos e da respectiva amortização no setor de distribuição de gás natural vis-à-vis os demais setores, a definição de prorrogação antecipada aqui proposta não comporta esse tipo de análise. Como explicado, a prorrogação antecipada se difere das demais modalidades de prorrogação contratual em função da produção imediata dos seus efeitos após a assinatura do termo aditivo.

No caso do Contrato de Concessão CPSE 01/99 foi exatamente isso o que ocorreu: após 2/3 da vigência original da outorga, a concessionária e o poder concedente acordaram a ampliação do prazo de vigência contratual com a imediata produção das suas contrapartidas. Por consequência, a prorrogação contratual analisada enquadra-se na definição de prorrogação antecipada aqui proposta.

3.3 (Des)necessidade de lei autorizativa específica

Outra questão relativa às prorrogações antecipadas diz respeito à antecipação dos efeitos da prorrogação ordinária ainda que não haja legislação específica regendo o tema. Em outras palavras: a existência de norma legal específica autorizando a prorrogação antecipada para cada setor regulado e para cada ente político da federação é um requisito essencial?

Destaca-se, de início, que há a possível interpretação de que a autorização legislativa específica seria um requisito para a prorrogação antecipada. Isso em decorrência de duas circunstâncias. A primeira, de que haveria reserva de lei diante da norma constitucional, de tal modo que o legislador ordinário deveria, obrigatoriamente, editar norma disciplinando a prorrogação na modalidade antecipada antes de o poder concedente poder efetivamente aplicá-la. A segunda, de que o Código Penal, ao estabelecer como crime a prorrogação dos contratos sem autorização em lei, exigiria que houvesse lei específica

---

[121] "Cláusula Primeira – Da Prorrogação Antecipada. O Contrato de Concessão nº CSPE/01/99 fica prorrogado, com fundamento em sua cláusula quinta, primeira subcláusula, e no artigo 13, §1º, do Decreto Estadual nº 43.889/1999, por um prazo adicional de 20 (vinte) anos, a partir de 31 de maio de 2029, passando a ter como termo final de vigência a data de 30 de maio de 2049. Subcláusula única – Fica vedada nova prorrogação do prazo de vigência da Concessão".

sobre a prorrogação antecipada dos contratos de concessão de serviço público.[122]

Essas justificativas, contudo, não parecem estar em linha com o ordenamento jurídico, sobretudo com o instituto das prorrogações contratuais. Para tanto, devemos resgatar as normas da Constituição Federal e da lei geral que rege as concessões de serviços públicos, a Lei nº 8.987/1995.

Como mencionado anteriormente, ambos os textos não detalham as condições das prorrogações contratuais. A Constituição Federal não o fez por decisão do constituinte, que, ao revés, autorizou que o legislador ordinário disciplinasse a prorrogação por meio de lei. E a Lei nº 8.987/1995, por seu turno, limitou-se a prever que as concessões de serviço público teriam prazo determinado e, sobretudo, que as condições para as prorrogações deveriam constar no próprio contrato de concessão.

A Lei nº 8.987/1995, ao tratar sobre o regime jurídico das concessões de serviço público, não especificou de que modo o poder concedente poderia ou não prorrogar as concessões. Isto é, o legislador ordinário não estabeleceu que as prorrogações, que deveriam constar como cláusulas essenciais dos contratos, estariam limitadas ao que definimos como prorrogação ordinária. Isso indicaria que novas modalidades de prorrogação contratual, tal como a prorrogação antecipada, cuja diferença para prorrogação ordinária é apenas de ordem cronológica, poderiam ser juridicamente aceitas.[123]

---

[122] Artigo 337-H do Código Penal: Admitir, possibilitar ou dar causa a qualquer modificação ou vantagem, inclusive prorrogação contratual, em favor do contratado, durante a execução dos contratos celebrados com a Administração Pública, sem autorização em lei, no edital da licitação ou nos respectivos instrumentos contratuais, ou, ainda, pagar fatura com preterição da ordem cronológica de sua exigibilidade: Pena - reclusão, de 4 (quatro) anos a 8 (oito) anos, e multa".
Nesse sentido, ainda que em referência ao artigo 92 da Lei nº 8.666/1993, revogado pela Lei nº 14.133/2021, mas de redação similar ao texto introduzido no Código Penal: "Para que a prorrogação por interesse público (comum ou antecipada) seja realizada validamente, é preciso, primeiro, que a possibilidade de prorrogação esteja prevista em lei. Com efeito, é o que extraímos não apenas da reserva de lei estabelecida pela CRFB/88, art. 175, caput (que exige autorização legislativa para a delegação de serviços públicos – e, coerentemente, para a prorrogação dessa delegação), mas também da Lei nº 8.666/1993, a qual estabelece, em seu art. 92 c.c 124, que a 'prorrogação' dos contratos de concessão de serviço público 'sem autorização em lei' constitui crime" (Felipe Montenegro Viviani Guimarães. *Prorrogação por interesse público das concessões de serviço público*, p. 176-177).

[123] "[A] Constituição Federal e a legislação geral a respeito de concessões no país não indicam que haja única solução relativa ao tema da extensão de prazos contratuais, tampouco de inviabilidade de prorrogação antecipada das outorgas como garantia de realização de novos investimentos, prestação adequada de serviços e sua continuidade" (Mário Saadi;

E nem sequer poderia ter sido diferente. Quando a Lei nº 8.987/1995 foi promulgada, não havia o problema posto das prorrogações dos contratos de concessão de serviço público. Havia o problema posto sobre a prorrogação de concessões vigentes anteriores à promulgação dessa lei geral, que foi tratado pelo legislador. Ainda não havia, portanto, a preocupação com a extensão do prazo de vigência de concessões que seriam outorgadas a partir de 1995, tampouco de que forma o poder concedente poderia fazê-lo.

O silêncio do constituinte e do legislador ordinário não pode dar margem à interpretação ampla no sentido de que qualquer prorrogação contratual será admitida. Como explorado no Capítulo 2, as prorrogações contratuais não podem ser indefinidas a ponto que a concessão tenha prazo indeterminado.

Tampouco poderá haver prorrogação contratual quando o prazo de vigência do instrumento já estiver vencido ou, ainda, quando não houver interesse público que justifique a medida, seja por reequilíbrio, seja para a continuidade na prestação do serviço público, seja para ampliar a vigência por razões de conveniência e oportunidade em detrimento de uma nova licitação. Por outro lado, fato é que as prorrogações ordinárias, cuja diferença para as prorrogações antecipadas é de ordem cronológica, já foram submetidas à apreciação do Poder Judiciário e foram declaradas constitucionais.

Ao avaliar especificamente a constitucionalidade das prorrogações antecipadas previstas na Lei nº 13.448/2017, o Ministro Gilmar Mendes destacou que a controvérsia das prorrogações antecipadas surge diante da autorização legislativa superveniente à assinatura dos contratos de concessão de serviço público, que não previam expressamente essa possibilidade na avença original. O Ministro entendeu que a constitucionalidade da prorrogação antecipada dependeria do cumprimento de quatro requisitos: (i) que o instrumento original tenha decorrido de licitação, (ii) que o edital e o contrato original autorizem a prorrogação, (iii) que a decisão pela prorrogação seja discricionária do poder concedente e (iv) que essa decisão esteja consubstanciada no critério da vantajosidade.[124]

Raul Dias dos Santos Neto. Prorrogação antecipada de prazo de contratos de concessão. *Revista de Direito Administrativo Contemporâneo*, v. 4, n. 27, p. 79-107, nov./dez., 2016. p. 83).

[124] "Assim, com base nos parâmetros doutrinários e jurisprudenciais explorados neste voto, entendo que a constitucionalidade da previsão legal da prorrogação antecipada depende (i) que o contrato a ser prorrogado tenha sido previamente licitado; (ii) que o edital de licitação e o contrato original autorizem a prorrogação; (iii) que a decisão de prorrogação

Não se pode concluir do voto do Ministro Gilmar Mendes que a ausência de ato normativo específico sobre o tema seria uma condição impeditiva para autorizar as prorrogações antecipadas – até mesmo porque a sua decisão ocorreu em ação direta de inconstitucionalidade, isto é, diante de norma existente. O seu voto, tal como dos demais ministros, não esclarecem a dúvida quanto à necessidade de lei autorizativa.

Há, contudo, um indício de que a inexistência de ato normativo específico não obsta a prorrogação antecipada. Quando o Ministro Gilmar Mendes aborda o requisito da previsão em edital e no contrato original, ele ressalta que a única diferença entre a prorrogação ordinária e a prorrogação antecipada seria a *antecipação dos seus efeitos*.[125]

O Tribunal de Contas da União, ao se manifestar sobre as prorrogações antecipadas no setor portuário, adotou o mesmo entendimento exposto pelo Ministro Gilmar Mendes. Na ocasião, o órgão avaliou a aderência da hipótese de prorrogação antecipada, prevista na Lei nº 12.815/2013,[126] aos contratos de arrendamento de instalações portuárias celebrados em data anterior à promulgação desse ato normativo.

O Ministério Público de Contas junto ao Tribunal de Contas da União manifestou-se favoravelmente ao instituto desde que condicionado ao cumprimento de certos requisitos.[127] Concluiu-se que, de tal

---

seja discricionária da Administração Pública e (iv) que tal decisão seja sempre lastrada no critério da vantajosidade" (Supremo Tribunal Federal, Plenário, Ação Direta de Inconstitucionalidade 5.991-DF, Ministra Relatora Carmen Lúcia. Data do julgamento: 07.12.2020).

[125] "Em segundo lugar, só é admissível a prorrogação de contratos de concessão se o pacto original já contiver previsão nesse sentido, exigência esta que também se estende ao edital de licitação correlato. Isso porque, como a prorrogação antecipada tem o condão de apenas antecipar os efeitos de um prolongamento contratual comum, ela naturalmente pressupõe uma possibilidade preestabelecida de prorrogação comum prevista no contrato e no respectivo edital" (Supremo Tribunal Federal, Plenário, Ação Direta de Inconstitucionalidade 5.991-DF, Ministra Relatora Carmen Lúcia. Data do julgamento: 07.12.2020).

[126] Artigo 57 da Lei nº 12.815/2013: "Os contratos de arrendamento em vigor firmados sob a Lei nº 8.630, de 25 de fevereiro de 1993, que possuam previsão expressa de prorrogação ainda não realizada, poderão ter sua prorrogação antecipada, a critério do poder concedente".

[127] "17. Voltando ao núcleo do tema, observa-se que a exegese do multicitado art. 57 da Lei nº 12.815/2013 mostra-se compatível com o entendimento consolidado na doutrina e jurisprudência no sentido de que a prorrogação contratual não constitui direito adquirido do contratado, sendo decisão discricionária da Administração Pública, sujeita ao juízo de conveniência e oportunidade e às seguintes condições: i) a possibilidade de prorrogação deve ter constado do edital de licitação e do termo do contrato original, a bem dos princípios da isonomia e da impessoalidade; e ii) sua efetivação não é automática, pois demanda a demonstração prévia e inequívoca de que as condições do contrato em vigor permanecem vantajosas para a Administração, quando compradas com o que se

modo que as prorrogações dos contratos de arrendamento (prorrogação ordinária) são juridicamente viáveis, também há de ser a *antecipação temporal* da realização dessas prorrogações, condicionadas aos critérios estabelecidos.[128]

O Plenário do Tribunal de Contas da União adotou o mesmo entendimento da unidade do Ministério Público Federal junto ao órgão, concluindo pela legalidade das prorrogações antecipadas de contratos de arrendamento, sujeitando-as a condições e parâmetros específicos do setor para assegurar a eficiência dos contratos prorrogados.

Assim, havendo legislação que discipline a prorrogação antecipada em um determinado setor – como é o caso do setor ferroviário, rodoviário, portuário e de energia elétrica –, o poder concedente deverá observar as condicionantes específicas estabelecidas no ato normativo. Ademais, as regras do setor ferroviário e rodoviário, por exemplo, não poderão ser impostas às concessionárias de serviços de telecomunicações ou de saneamento básico de um dado estado da federação.[129] O poder concedente desses setores poderá adotá-las por analogia, mas jamais por imposição.

---

poderia obter no mercado por meio de nova licitação" (Tribunal de Contas da União, Plenário, Acórdão 2.200/2015, TC 024.882.2014-3, Ministra Relatora Ana Arraes. Data de julgamento: 02.09.2015).

[128] "18. Outrossim, diante da juridicidade da prorrogação dos contratos de arrendamento portuário, não se vislumbram óbices legais à antecipação temporal da implementação dessas prorrogações, condicionada à realização de investimentos previamente aprovados pela Administração. A antecipação de investimentos cuja amortização seria inviável apenas no prazo contratual remanescente foi um dos mecanismos previstos pelo novo marco legal para impulsionar o processo de modernização e ampliação de oferta de serviços portuários, ao lado das licitações de novos arrendamentos e de autorizações de novos terminais privativos" (Tribunal de Contas da União, Plenário, Acórdão 2.200/2015, TC 024.882.2014-3, Ministra Relatora Ana Arraes. Data de julgamento: 02.09.2015).

[129] "Assim, uma primeira zona de exclusão da incidência do alcance da lei [13.448/2017] diz respeito aos projetos estruturados por pessoas políticas diversas da União, a respeito dos serviços por elas titularizados. Essas pessoas políticas podem disciplinar o tema em bases próprias, não se aplicando a elas as disposições que a União houve por bem produzir para si. Essas pessoas políticas podem então editar leis próprias para disciplinar o tema, assim como levar a efeito medidas que encontrem amparo direto nas normas gerais. Por outro lado, a lei também não será aplicável aos setores que não foram por ela contemplados. A esses se aplicarão normas setoriais específicas, podendo a própria União dar tratamento distinto a elas. Isso é importante de ser destacado, para que não se sustente a interpretação equivocada de que há uma interdição a que medidas análogas às constantes da lei sejam implementadas em projetos que não são por ela disciplinados. Com toda evidência, isso pode ser feito nos casos em que a lei em exame não se aplica, desde que haja base legal ou contratual para tanto nos projetos em que se cogite acerca da adoção de mecanismos similares" (Bernardo Strobel Guimarães; Heloísa Conrado Caggiano. *O que mudou no direito das concessões com a aprovação da MP nº 752*, p. 11).

Isso não significa, contudo, que a inexistência de lei autorizadora específica obste a prorrogação antecipada para os contratos de concessão de serviços públicos em outros setores ou aos entes políticos da federação que não a editarem.

Diante disso, entende-se que a prorrogação antecipada é juridicamente viável para os contratos que não tenham legislação específica aplicável ao caso concreto. Ao passo que a Lei Federal 8.987/1995 genericamente autoriza as prorrogações contratuais, o Poder Judiciário já reputou como constitucionais as diferentes espécies de prorrogação (como explorado no Capítulo 2) e o poder concedente tem discricionariedade para optar pela prorrogação da avença, de acordo com o caso concreto.

3.4 Síntese

As prorrogações antecipadas dos contratos de concessão de serviço público distinguem-se das demais modalidades de prorrogações contratuais expostas no Capítulo 2.

Elas se distanciam da prorrogação por reequilíbrio econômico-financeiro por estarem inseridas no juízo de conveniência e oportunidade do poder concedente e, assim, não se enquadrarem como um mecanismo de recomposição da relação jurídica com a concessionária. Além disso, a prorrogação antecipada tem como pressuposto a bilateralidade, ou seja, o consenso entre as partes para antecipar os efeitos da prorrogação contratual, ao contrário da ampliação do prazo de vigência por reequilíbrio econômico-financeiro, que é determinado unilateralmente pelo poder concedente.

Essa modalidade antecipada da prorrogação contratual tampouco se confunde com a prorrogação para a continuidade da prestação do serviço público. Aqui a justificativa diz respeito ao motivo da prorrogação. Enquanto a prorrogação para continuidade da prestação do serviço público ocorre em situações emergenciais, isto é, quando o poder concedente não tem condições de assumir a prestação direta do serviço público, nem de conduzir uma licitação para transferir a prestação do serviço público para outro particular, a prorrogação antecipada tem como pressuposto a ampliação do prazo de vigência mediante a inclusão de contrapartidas imediatas na relação jurídica.

Por fim, a prorrogação antecipada e a prorrogação ordinária diferem-se somente em função da ordem cronológica. A prorrogação ordinária ocorre quando o término do prazo de vigência original se aproxima e as partes têm interesse na ampliação da relação jurídica. A prorrogação antecipada também reúne essas características, mas a produção imediata dos efeitos da prorrogação (e, por isso, denomina-se prorrogação antecipada) terá como justificativa a inclusão de contrapartidas não previstas originalmente na relação jurídica entabulada (para que também produzam efeitos imediatos).

Os legisladores federal, estadual e municipal têm editado atos normativos para disciplinar o rito de aprovação dos requerimentos da prorrogação antecipada, sobretudo requisitos e contrapartidas que devem ser observadas e incluídas, respectivamente, nos contratos de concessão. A despeito da legitimidade desses atos, entende-se que a inexistência de norma específica sobre a prorrogação antecipada não inviabiliza a adoção dessa medida pelo poder concedente, afinal o fundamento jurídico dessa modalidade é o mesmo da prorrogação ordinária, com a diferença cronológica para a produção dos seus efeitos.

E a decisão administrativa de antecipar os efeitos da prorrogação dependerá da devida justificativa pelo poder concedente, inclusive sobre a compatibilidade da medida com o interesse público e em detrimento de outras opções regulatórias, além de observar os necessários requisitos e contrapartidas. São esses os temas que abordaremos nos Capítulos 4 e 5 a seguir.

CAPÍTULO 4

REQUISITOS DAS PRORROGAÇÕES ANTECIPADAS

4.1 Considerações iniciais

A prorrogação antecipada dos contratos de concessão está sujeita ao cumprimento de determinados requisitos. Parte dos atos normativos que disciplinam a matéria, em diferentes setores e âmbitos da federação, destacam os elementos que devem estar presentes para autorizar a prorrogação antecipada contratual.

Alguns requisitos não comportam discussões: são situações fáticas que serão indicadas quando da apresentação do pedido de prorrogação antecipada, pela concessionária, e que deverão ser atestadas pelo órgão ou entidade contratante. Será o caso dos três primeiros requisitos abordados a seguir: (i) a concessão deve ter sido originalmente licitada, (ii) o instrumento convocatório ou o contrato de concessão original deve conter disposição possibilitando eventual prorrogação, (iii) o contrato deverá estar vigente e o pedido deve ser feito tempestivamente.

O cumprimento desses requisitos, contudo, não gera um direito subjetivo às concessionárias. Como abordado no Capítulo 2, a prorrogação de contratos administrativos está no campo de atuação discricionária da Administração Pública. Isto é, havendo motivação técnica, econômica, política ou jurídica adequada do poder concedente para determinar que o contrato não será prorrogado, de forma ordinária ou antecipada, a concessionária não poderá sustentar a existência de um direito subjetivo à prorrogação.

Esse será o último requisito analisado neste Capítulo, relacionando-se com a conveniência e oportunidade da ampliação do prazo de vigência contratual. Diz respeito, portanto, ao dever de motivação do poder concedente em demonstrar a compatibilidade da prorrogação antecipada com o interesse público, sobretudo em detrimento de outras opções regulatórias.

Há requisitos que são específicos para determinado serviço público, mas que não incidem sobre os demais. Esse é um dos entraves para delinearmos um regime jurídico único das prorrogações antecipadas. Primeiro, pois cada ente político titular do serviço público tem competência para dispor sobre a prorrogação antecipada como lhe for mais conveniente, de tal modo que a legislação de qualquer estado, por exemplo, não vincula seus municípios. Segundo, porque os setores regulam-se de acordo com as suas peculiaridades, de sorte que as regras das prorrogações antecipadas dos setores rodoviário e ferroviário não serão as mesmas aplicáveis às prorrogações antecipadas do setor portuário ou de radiodifusão.

As concessões dos setores rodoviário e ferroviário, por exemplo, são regradas pela Lei nº 13.448/2017. Como requisitos específicos aplicáveis a esses setores, podemos extrair do ato normativo a exigência de a concessão ser (i) previamente qualificada pelo Programa de Parcerias de Investimentos para fins de prorrogação antecipada,[130] (ii) submetida a consulta pública para análise e apresentação de contribuições pela sociedade[131] e (iii) encaminhada para análise do Tribunal de Contas da União após a realização de consulta pública.[132] Esses requisitos não são aplicáveis às prorrogações antecipadas de outros setores, apesar de poderem ser adotados por analogia por outros órgãos ou entidades competentes.

Afinal, os requisitos para as prorrogações antecipadas são mínimos. No exercício de conveniência e oportunidade do poder concedente, ele poderá, motivadamente, exigir que a concessionária comprove outros requisitos para além dos que serão expostos adiante ou, ainda, impor o procedimento instrutório da prorrogação antecipada ao mesmo rito estabelecido na legislação federal mencionada acima.

---

[130] Artigo 2º da Lei nº 13.448/2017.

[131] Artigo 10 da Lei nº 13.448/2017: "As prorrogações de que trata o art. 5º desta Lei deverão ser submetidas previamente a consulta pública pelo órgão ou pela entidade competente, em conjunto com o estudo referido no art. 8º desta Lei. Parágrafo único. A consulta pública será divulgada na imprensa oficial e na internet e deverá conter a identificação do objeto, a motivação para a prorrogação e as condições propostas, entre outras informações relevantes, fixando-se o prazo mínimo de 45 (quarenta e cinco) dias para recebimento de sugestões".

[132] Artigo 11 da Lei nº 13.448/2017: "Encerrada a consulta pública, serão encaminhados ao Tribunal de Contas da União o estudo de que trata o art. 8º desta Lei, os documentos que comprovem o cumprimento das exigências de que tratam os incisos I e II do §2º do art. 6º desta Lei, quando for o caso, e o termo aditivo de prorrogação contratual".

De todo modo, o exercício realizado a seguir tem como objetivo extrair os requisitos previstos na legislação sobre prorrogações antecipadas e em precedentes judiciais e administrativos. Trata-se de requisitos gerais, aplicáveis a todas as prorrogações antecipadas, independentemente do serviço público concedido e do poder concedente.

4.2 Concessão precedida de licitação pública

Como destacado anteriormente, a Constituição Federal exige, expressamente, que a delegação de qualquer serviço público seja precedida de licitação promovida pelo ente político titular do serviço público em questão. Trata-se de norma constitucional que, por não encontrar correlação na Constituição Federal de 1967, inovou na ordem jurídica e proibiu a delegação norma infraconstitucional ou por ato administrativo sem prévia licitação.

A Lei nº 8.987/1995, promulgada 7 anos após a Constituição Federal, estabeleceu categoricamente que todas as concessões de serviços públicos que haviam sido outorgadas sem processo licitatório durante a vigência da Constituição Federal estariam extintas.[133] Esse dispositivo sequer deveria existir ao passo que a delegação do serviço público em desacordo com a norma constitucional já levaria à sua invalidação.

Para além desse dispositivo, a Lei nº 8.987/1995 também disciplinou as situações de concessões em caráter precário. Nesses casos, as concessões precárias com prazo vencido e as que estivessem em vigor por prazo indeterminado, permaneceriam válidas somente até a realização dos levantamentos e avaliações indispensáveis à organização de licitações que precederiam a outorga das concessões para substituir as antigas, até o limite de 24 meses.[134]

---

[133] Artigo 43, *caput*, da Lei nº 8.987/1995.
[134] Artigo 42, *caput*, da Lei nº 8.987/1995. Esse dispositivo foi posteriormente complementado, por meio da Lei 11.445/2007, para autorizar a manutenção das concessões precárias (sem instrumento que as formalize ou que possuam cláusula que preveja prorrogação) até 31 de dezembro de 2010: "§3º. As concessões a que se refere o §2º deste artigo, inclusive as que não possuam instrumento que as formalize ou que possuam cláusula que preveja prorrogação, terão validade máxima até o dia 31 de dezembro de 2010, desde que, até o dia 30 de junho de 2009, tenham sido cumpridas, cumulativamente, as seguintes condições:
I - levantamento mais amplo e retroativo possível dos elementos físicos constituintes da infra-estrutura de bens reversíveis e dos dados financeiros, contábeis e comerciais relativos à prestação dos serviços, em dimensão necessária e suficiente para a realização do cálculo de eventual indenização relativa aos investimentos ainda não amortizados pelas receitas emergentes da concessão, observadas as disposições legais e contratuais que regulavam

A partir dessas previsões, o Supremo Tribunal Federal passou a avaliar a constitucionalidade de prorrogações de concessões de serviço público cujos contratos não haviam sido precedidos por licitações. O Ministro Eros Grau, ao analisar ação direta de inconstitucionalidade contra dispositivo de lei ordinária do Estado do Paraná que autorizava a manutenção das concessões vencidas, com caráter precário, ou que estivessem em vigor com prazo indeterminado até 2008,[135] determinou que não há dispositivo constitucional que ampare a prorrogação das relações jurídicas formalizadas sem licitação e, portanto, ilícitas.[136]

Esse mesmo posicionamento foi reiterado em diversas outras situações pelo Supremo Tribunal Federal, firmando-se o entendimento de que outorgas sem o prévio processo licitatório afrontavam a norma constitucional e o dever de licitar.[137] No tocante às prorrogações ante-

---

a prestação do serviço ou a ela aplicáveis nos 20 (vinte) anos anteriores ao da publicação desta Lei; II - celebração de acordo entre o poder concedente e o concessionário sobre os critérios e a forma de indenização de eventuais créditos remanescentes de investimentos ainda não amortizados ou depreciados, apurados a partir dos levantamentos referidos no inciso I deste parágrafo e auditados por instituição especializada escolhida de comum acordo pelas partes; e III - publicação na imprensa oficial de ato formal de autoridade do poder concedente, autorizando a prestação precária dos serviços por prazo de até 6 (seis) meses, renovável até 31 de dezembro de 2008, mediante comprovação do cumprimento do disposto nos incisos I e II deste parágrafo".

[135] Lei Complementar 94/2002 do Estado do Paraná: "Art. 42. Os instrumentos de delegação da prestação dos serviços públicos de competência da Agência, em vigor na data da publicação desta Lei, permanecem vigentes e submetem-se, para todos os fins, ao poder de regulação e fiscalização da Agência. Art. 43. As empresas que, na data da instalação da Agência, detentoras de outorgas vencidas e/ou com caráter precário ou que estiver em vigor com prazo indeterminado, terão as mesmas mantidas, sem caráter de exclusividade, pelo prazo previsto no art. 98 do Decreto Federal nº 2.521, de 20 de março de 1998, em atendimento ao disposto no art. 42, §2º, da Lei Federal nº 8987, de 13 de fevereiro de 1995, e adaptados aos princípios norteadores da Agência".

[136] "[a] lei paranaense permite que o vínculo que relaciona as empresas que atualmente prestam serviços públicos com a Administração estadual seja mantido, ainda que essa prestação se dê em condições irregulares. As permissões ou autorizações exauridas devem ser extintas e as irregulares revogadas. Poder-se-ia dizer que o preceito busca garantir a segurança jurídica e a continuidade do serviço público. Mas não há respaldo constitucional que justifique a prorrogação desses atos administrativos além do prazo razoável para a realização dos devidos procedimentos licitatórios. Segurança jurídica não pode ser confundida com conservação do ilícito. Não é para tanto que ela se presta" (Supremo Tribunal Federal, Plenário, ADI 3.521, Ministro Relator: Eros Grau. Data do julgamento: 28.09.2006).

[137] Nesse sentido, Supremo Tribunal Federal, Primeira Turma, AI 811.212/RS-AgR, Ministra Relatora Carmen Lucia. Data do Julgamento 01.02.2010; Supremo Tribunal Federal, Primeira Turma, RE 412.921/MG-AgR, Ministro Relator Ricardo Lewandowski. Data do Julgamento: 15.03.2011; Supremo Tribunal Federal, Primeira Turma, RE 603.350/MT-AgR, Ministro Relator Marco Aurélio. Data do Julgamento: 14.10.2013; Supremo Tribunal Federal, Segunda Turma, ARE 807.715/PE-AgR, Ministro Relator Gilmar Mendes. Data do Julgamento: 17.03.2015; Supremo Tribunal Federal, Segunda Turma, AgReg AI

cipadas, o entendimento não é diferente. O Ministro Gilmar Mendes, em seu voto-vogal na ação direta de inconstitucionalidade 5.991, destacou que a prorrogação antecipada somente será constitucional se sua incidência estiver limitada a contratos previamente licitados pelo Poder Público.[138]

Dessa forma, o primeiro requisito aplicável às prorrogações antecipadas de contratos de concessão de serviço público diz respeito a uma situação pretérita à própria intenção das partes em prorrogar a relação jurídica. Se a concessão não houver sido licitada originalmente, sua prorrogação será vedada pelo ordenamento jurídico.

4.3 Previsão expressa no instrumento contratual ou em edital de licitação

O segundo requisito que deve ser comprovado pela concessionária diz respeito à existência de cláusula contratual que autorize a prorrogação da relação jurídica.

Os atos normativos que dispõem sobre as prorrogações antecipadas, contudo, não são uníssonos em relação à exigência de haver previsão autorizando a prorrogação contratual.

A Lei nº 13.448/2017, ao definir o conceito de prorrogações antecipadas, destaca que elas poderão ocorrer "quando expressamente admitida a prorrogação contratual no respectivo edital ou no instrumento contratual original".[139] Em outros termos, a concessionária, ao pedir a prorrogação antecipada de seu contrato, deve indicar ao órgão ou entidade contratante que o contrato administrativo ou o edital contém previsão autorizando a prorrogação.

724.396, Ministro Relator Dias Toffoli. Data do Julgamento 25.08.2015; Supremo Tribunal Federal, Primeira Turma, ARE 1.124.684-AgR, Ministra Relatora Rosa Webber. Data do Julgamento: 16.10.2018; Supremo Tribunal Federal, Segunda Turma, RE 1.316.362-ED, Ministra Relatora Cármen Lúcia. Data do Julgamento: 09.08.2021; Supremo Tribunal Federal, Primeira Turma, AgRE 1.333.486-RJ, Ministra Relatora Cármen Lúcia. Data do Julgamento: 06.12.2021; Supremo Tribunal Federal, Primeira Turma, ARE 1.357.884 AgR-ED, Ministro Relator Alexandre de Moraes. Data do julgamento: 04.04.2022.

[138] "Em primeiro lugar, resta claro que qualquer modalidade de prorrogação só pode ocorrer no âmbito de contratos administrativos de prestação de serviço público que estejam vigentes e que tenham sido originariamente licitados. Desse limite decorre a inconstitucionalidade de leis que autorizem a prorrogação antecipada dos contratos de concessão não licitados, ainda que esses contratos tenham sido celebrados antes da vigência da Constituição Federal de 1988" (Supremo Tribunal Federal, Plenário, ADI 5.991, Ministra Relatora Cármen Lúcia. Data do julgamento: 07.12.2020).

[139] Artigo 4º, II, da Lei nº 13.448/2017.

Não há no dispositivo legal nenhuma indicação de que a cláusula ou o item deva se referir especificamente à prorrogação antecipada. Afinal, como destacado no Capítulo 3, o termo "prorrogação antecipada" começou a ser difundido a partir de 2012, de sorte que dificilmente algum edital de licitação ou contrato administrativo anterior a essa época conteria previsão específica o suficiente permitindo que a vigência do contrato fosse estendida com a antecipação dos seus efeitos.

E, como visto no Capítulo 3, a prorrogação em sua modalidade antecipada, ou seja, para antecipar os efeitos da ampliação do prazo de vigência da outorga, não depende de lei autorizadora específica.

Para além da existência de cláusula ou item que admita a prorrogação, a Lei nº 13.448/2017, nesse mesmo trecho, condiciona a possibilidade da prorrogação antecipada a um outro fator: que a previsão editalícia ou contratual exista desde a origem da relação jurídica. Logo, ou o edital de licitação já deveria prever que o contrato administrativo poderia ser prorrogado ou o próprio instrumento contratual anexo a ele deveria prever essa hipótese.

A Lei nº 13.448/2017 vedou, ainda que implicitamente, que os contratos fossem aditados para a inclusão de cláusula autorizando a prorrogação. Privilegiou-se, portanto, a redação original dos documentos da licitação, especificamente o edital e a minuta do contrato administrativo disponibilizado para avaliação dos licitantes.

A Lei nº 12.815/2013, por sua vez, destaca que os contratos de arrendamento poderão ter a sua prorrogação antecipada quando houver previsão expressa de prorrogação no contrato. A lógica é a mesma daquela adotada na Lei nº 13.448/2017, ou seja, a prorrogação antecipada está sujeita à existência de cláusula contratual que autorize a prorrogação (mesmo que não seja específica à modalidade antecipada da prorrogação).

Há, porém, uma diferença relevante entre as redações dos dois dispositivos. A Lei nº 12.815/2013, ao contrário da Lei nº 13.448/2017, não impõe expressamente que a cláusula autorizadora da prorrogação contratual deveria existir desde a origem da avença. Essa diferença ficou ainda mais acentuada quando o Poder Executivo Federal editou o Decreto 9.048/2017, alterando dispositivos do Decreto nº 8.033/2013, que regulamenta a Lei nº 12.815/2013.

A principal alteração implementada com esse ato normativo, em matéria de prorrogações contratuais, diz respeito à adaptação dos contratos de arrendamento portuário firmados antes da promulgação da Lei nº 12.815/2013. Os arrendatários poderiam, no prazo de 180 dias contados da publicação do Decreto nº 9.048/2017, pleitear a adaptação dos seus contratos de arrendamento aos termos da Lei nº 12.815/2013 e de seus regulamentos.

Essa adaptação, formalizada por meio de termo aditivo, incluiria cláusulas que não estivessem originalmente previstas na avença. O Decreto nº 9.048/2017 categoricamente destacou que a adaptação poderia incluir, entre outras disposições, a possibilidade de prorrogação da outorga, inclusive para os arrendatários que tenham prorrogado os seus contratos.[140]

Contratos de arrendamento do setor portuário assinados anteriormente à promulgação da Lei nº 12.815/2013, isto é, à luz da Lei nº 8.630, de 25 de fevereiro de 1993, poderiam ser adaptados para adotar cláusulas compatíveis com o ordenamento jurídico atual. Em termos práticos, contratos de arrendamento cuja vigência não poderia exceder 50 anos[141] estariam sujeitos à adaptação para autorizar eventual extensão do prazo até o limite de 70 anos.[142]

O Tribunal de Contas da União instaurou processo de acompanhamento para analisar os atos e procedimentos adotados pelo então Ministério dos Transportes, Portos e Aviação Civil e pela Agência Nacional de Transportes Aquaviários visando à implementação de alterações normativas introduzidas pelo Decreto nº 9.048/2017. O Ministro Relator Bruno Dantas determinou em seu voto que o Ministério se abstivesse de assinar termos aditivos de adaptação ou termos

---

[140] Artigo 2º do Decreto nº 9.048/2017: "Os arrendatários cujos contratos estejam em vigor na data de publicação deste Decreto poderão, no prazo de cento e oitenta dias, manifestar seu interesse na adaptação de seus contratos aos termos da Lei nº 12.815, de 5 de junho de 2013, e de seus regulamentos, por meio de termo aditivo ao contratual. §1º. A adaptação de que trata o caput permitirá a adoção de cláusulas contratuais que estabeleçam, entre outras disposições, a possibilidade de prorrogação da outorga, nos termos estabelecidos pelo art. 19 do Decreto nº 8.033, de 2013, inclusive para os arrendatários que tenham prorrogado os seus contratos nos termos da Lei nº 12.815, de 2013".

[141] Artigo 4, §4º, da Lei nº 8.630/1993: "São cláusulas essenciais no contrato a que se refere o inciso I do caput deste artigo, as relativas: [...] XI - ao início, término e, se for o caso, às condições de prorrogação do contrato, que poderá ser feita uma única vez, por prazo máximo igual ao originalmente contratado, desde que prevista no edital de licitação e que o prazo total, incluído o da prorrogação, não exceda a cinquenta anos".

[142] "O art. 2º do Decreto nº 9.048 estabelece que os contratos de arrendamento já em vigor na data de publicação do decreto podem ser beneficiados com a prorrogação até o limite de setenta anos (até recentemente, o limite era de vinte e cinco anos prorrogáveis por até mais vinte e cinco). Para se valer dessa possibilidade, basta que haja a adaptação do contrato de arrendamento à Lei nº 12.815 e seus regulamentos, a pedido do particular, que possui prazo para formular o requerimento – 180 dias ou um ano, dependendo da situação" (Rafael Wallbach Schwind. Modificações na regulamentação do setor portuário – as novidades introduzidas pelo Decreto nº 9.048. p. 63).

aditivos de prorrogação daqueles contratos cujo prazo original não fosse compatível com o Decreto nº 9.048/2017.[143]

Isso porque, no entendimento do Tribunal de Contas da União, verificou-se que a ampliação do prazo de vigência dos contratos de arrendamento ou a inclusão de cláusula que autorizasse a prorrogação em contratos de arrendamento que não contivesse essa possibilidade originalmente poderia violar o princípio da isonomia e da vinculação ao instrumento convocatório, sobretudo sem a análise concreta de cada caso.[144]

A alteração abrupta do prazo de vigência distorceria a lógica da modelagem econômico-financeira dos contratos de concessão e de arrendamento do setor. Essa modelagem é desenvolvida a partir de estudos de mercado, de investimentos e de custos que as partes incorrerão ao longo da execução contratual. Como contrapartida, calcula-se o retorno esperado pelo particular à luz do prazo que lhe será conferido para explorar o serviço público e amortizar os seus investimentos nos bens da concessão.[145]

---

[143] "9.1. com fundamento no art. 45 da Lei nº 8.443/1992 c/c o art. 250 do Regimento Interno do TCU, determinar ao Ministério dos Transportes, Portos e Aviação Civil que se abstenha de celebrar termos aditivos de adaptação ou, conforme o caso, termos aditivos de prorrogação, dos contratos de arrendamento vigentes às regras do Decreto nº 8.033/2013, com a redação conferida pelo Decreto nº 9.048/2017, contendo cláusulas que possibilitem: 9.1.1. a ampliação da vigência máxima dos atuais contratos, nas hipóteses de prorrogação ordinária e antecipada, desprovida de análise que considere como parâmetros o prazo original do contrato de arrendamento e a possibilidade de prorrogá-lo, uma única vez, por um período igual ou inferior a esse prazo" (Tribunal de Contas da União, Plenário, Acórdão nº 1.446/2018, TC 030.098/2017-3, Ministro Relator Bruno Dantas. Data da Sessão: 26.06.2018).

[144] "44. [...] [e]ntendo que é irregular a celebração de termo de adaptação genérico, que modifique cláusulas contratuais que versam sobre prazo máximo de vigência, desprovida de análise das especificidades do caso concreto, da razoabilidade e da proporcionalidade, do risco de desnaturação do objeto licitado e, ainda, sem a assunção de qualquer contrapartida por parte do concessionário" (Tribunal de Contas da União, Plenário, Acórdão nº 1.446/2018, TC 030.098/2017-3, Ministro Relator Bruno Dantas. Data do julgamento: 26.06.2018).

[145] "48. Ou seja, em determinados casos, um ajuste cuja modelagem econômico-financeira foi feita para dez anos poderia vir a ser prorrogado por mais sessenta anos. Em uma situação como essa, impensável não avaliar a razoabilidade e proporcionalidade da modificação contratual e a possibilidade de descaracterização do objeto originalmente licitado previamente ao aditivo. 49. Ademais, em uma delegação típica, o poder concedente desenvolve os estudos com base em nível de serviço, demanda, investimentos e custos operacionais. Com base nessas variáveis simula prazos, tarifas, valores de outorga. Essa é a lógica inerente à modelagem de contratos de longo prazo. No caso aqui examinado, essa lógica é subvertida, pois o prazo máximo de vigência é fixado sem qualquer base em estudos econômico-financeiros e nos princípios da razoabilidade e da proporcionalidade" (Tribunal de Contas da União, Plenário, Acórdão nº 1.446/2018, TC 030.098/2017-3, Ministro Relator Bruno Dantas. Data da Sessão: 26.06.2018). O próprio grupo de trabalho

Esse entendimento foi o mesmo adotado pelo Ministro Gilmar Mendes na ação direta de inconstitucionalidade proposta contra dispositivos da Lei nº 13.448/2017. De acordo com o Ministro, a prorrogação antecipada somente será possível quando o edital e o instrumento contratual original já contiverem cláusula autorizando a prorrogação ordinária.[146]

Não obstante a existência de cláusula em contrato ou em instrumento convocatório que permita eventual prorrogação, o poder concedente estará adstrito ao comando que lá estiver previsto. Assim, se o dispositivo sobre a prorrogação estabelecer que a concessão somente poderá ser prorrogada uma única vez e por igual período, não haverá margem discricionária para ampliar o prazo de vigência de forma diversa.

E isso tem uma razão de ser: os licitantes formulam as suas propostas com base nas previsões do edital de licitação e da minuta do contrato de concessão. Se esses documentos preveem, por exemplo, que a prorrogação poderá ser realizada uma única vez e por igual período, qualquer conduta diferente pelo poder concedente violará os princípios da isonomia e da vinculação ao instrumento convocatório.[147]

Destaca-se, por fim, que a Lei nº 16.993, de 24 de janeiro de 2019, e a Lei nº 17.731, de 6 de janeiro de 2022, editadas pelo Estado e Município de São Paulo, respectivamente, para estabelecer as diretrizes

---

constituído pelo órgão ministerial para avaliar a dinâmica do Decreto nº 9.048/2017 e a sua consultoria jurídica se posicionaram contrariamente à incidência da nova norma aos contratos de arrendamento vigentes (Relatório Final do grupo de trabalho instituído pela Portaria GM 435/2016 e Parecer 20/2017-CONJUR-MT/CGU/AGU).

[146] "Assim, não é compatível com o ordenamento jurídico a prorrogação realizada a partir de lei superveniente ou mesmo de aditivo contratual quando não há previsão original da possibilidade da prorrogação comum da avença" (Supremo Tribunal Federal, Plenário, Ação Direta de Inconstitucionalidade 5.991-DF, Ministra Relatora Carmen Lúcia. Data do julgamento: 07.12.2020).

[147] "Conquanto seja possível – e necessária – a previsão contratual, na concessão de serviço público da prorrogação do contrato e seu prazo, é também certo não ser essa razão suficiente para que a Administração Pública ignore o dever de vinculação às condições estabelecidas para a contratação em edital. Sendo assim, fixado determinado prazo de duração para o contrato e também disposto, no mesmo edital e contrato, que esse prazo só poderá ser prorrogado por igual período, não pode a Administração alterar essa regra e elastecer o pacto para além do inicialmente fixado sob pena de violação não apenas das disposições contratuais, mas, sobretudo, de determinações impostas pela Constituição Federal e pela legislação que rege a exploração dos serviços de loterias. Aberta a licitação, todos os licitantes apresentaram propostas considerando o prazo do contrato e a possível prorrogação por igual período, o que nos conduz à conclusão de que o termo que prorroga o contrato por período muito maior que o previsto no edital ofende a regra que obriga ao procedimento licitatório" (Superior Tribunal de Justiça, Segunda Turma, REsp 914.402/GO, Ministro Relator Mauro Campbell Marques. Data de julgamento: 06.08.2009).

gerais para a prorrogação e relicitação dos contratos de parceria, apresentam dispositivos que podem ser mal interpretados sobre o tema. Nos termos da legislação paulista e paulistana, a prorrogação contratual ou a prorrogação antecipada devem observar as disposições dos respectivos instrumentos contratuais, balizando-se, adicionalmente, pelas leis ordinárias.

Contudo, tanto a Lei Estadual nº 16.993/2019 quanto a Lei Municipal nº 17.731/2022 estabelecem como prazo máximo de prorrogação contratual "o tempo estipulado para amortização dos investimentos realizados ou para o reequilíbrio contratual, ainda que não conste previsão expressa no edital ou no contrato quanto à possibilidade de prorrogação".[148] O trecho final desses dispositivos poderia levar à interpretação de que a prorrogação ordinária ou antecipada poderia ocorrer sem a previsão no instrumento original.

Pelo tudo que foi exposto no presente capítulo, entende-se que essa interpretação não é adequada. Adotar esse raciocínio autorizaria a assinatura de termos aditivos ao contrato de concessão vigente para incluir cláusula autorizando a sua prorrogação. Como consequência, haveria violação aos princípios da isonomia e da vinculação ao instrumento convocatório, na medida em que as minutas originais do projeto não previam essa possibilidade e, portanto, não puderam ser consideradas pelos demais licitantes à época.[149]

---

[148] Artigo 4º, §2º, da Lei nº 16.993/2019 do Estado de São Paulo e da Lei nº 17.731/2022 do Município de São Paulo.

[149] Ao examinar termo aditivo ao contrato administrativo para incluir cláusula autorizando a prorrogação contratual, o Superior Tribunal de Justiça reconheceu a sua nulidade, cf. voto-vista apresentado pela Ministra Denise Arruda: "6. Infere-se, portanto, que, em primeiro lugar, não havia autorização contratual para a prorrogação do ajuste, mas apenas para sua renovação; em segundo lugar, embora a renovação fosse permitida, não poderia ter sido realizada sem a devida licitação, na medida em que não se configura, no caso em apreço, a inexigibilidade ou a dispensa do certame. 7. Efetivamente o termo de aditamento ofende os princípios constitucionais e as normas infraconstitucionais que norteiam os contratos administrativos, mormente em relação: (a) à precedência de licitação; (b) à necessidade, na prorrogação contratual, de condições mais vantajosas para a Administração Pública; (c) à existência de interesse público, sob a forma de reciprocidade e agregação de valores ao Estado, o que nem sequer é demonstrado pelas provas pré-constituídas trazidas aos autos; (d) à segurança jurídica, tendo em vista a ausência de previsão no edital convocatório da possibilidade de prolongamento do prazo de vigência do contrato" (Superior Tribunal de Justiça, Primeira Turma, RMS 24.118/PR, Ministro Relator Teori Albino Zavascki. Data do julgamento: 11.11.2008).

4.4 Vigência contratual e tempestividade do pedido de prorrogação

O terceiro requisito que guarda similitudes com a teoria geral da prorrogação dos contratos administrativos, está relacionado ao período de vigência do instrumento quando da formulação do pleito de prorrogação. Em outras palavras, aqui estamos tratando do "momento" em que o pedido de prorrogação antecipada é apresentado ao órgão ou entidade contratante.

Nessa esfera, um primeiro elemento que deve ser comprovado pela concessionária diz respeito à vigência do respectivo instrumento contratual. Ele ainda deverá estar vigente quando a concessionária requerer a extensão do prazo contratual com a antecipação dos seus efeitos. Caso o órgão ou a entidade contratante constatem que a vigência do contrato em questão já se encerrou, o pleito deverá ser indeferido.

Trata-se de um requisito que apesar de expressamente previsto em certos atos normativos, já seria um pressuposto lógico da prorrogação antecipada. Afinal, se a prorrogação antecipada se caracteriza pela ampliação do prazo de vigência em momento *substancialmente anterior* ao encerramento do prazo original, não seria lógico aventar que a concessionária formularia o seu pedido de prorrogação antecipada após o encerramento da avença.

De toda forma, a Lei nº 12.815/2013 previu expressamente que os contratos de arrendamento do setor portuário deveriam estar em vigor como requisito para a prorrogação antecipada. Dessa forma, a prorrogação (ordinária ou antecipada) dos contratos de arrendamento será vedada quando o prazo original do instrumento constar como ultrapassado.

Contudo, não basta que o contrato esteja vigente para que a arrendatária possa apresentar pedido de prorrogação antecipada. Nos termos do Decreto nº 8.033/2013, com redação incluída pelo Decreto nº 9.048/2017, a prorrogação antecipada é aquela que ocorre "previamente ao último quinquênio de vigência do contrato".[150]

A interpretação desse artigo permite concluir que a prorrogação antecipada no setor portuário está sujeita não só à apresentação do pedido pela arrendatária (i) enquanto o ajuste contratual ainda estiver em vigor, mas também (ii) desde que ocorra anteriormente ao

---

[150] Artigo 19-A, §1º, do Decreto nº 8.033/2013. Redação idêntica ao artigo 65, parágrafo único, da Portaria 530, de 13 de agosto de 2019, do Ministério da Infraestrutura.

último quinquênio do prazo contratual. Esse será o "prazo máximo" para a apresentação do pedido de prorrogação antecipada. Após, a arrendatária não poderá pleitear a antecipação dos efeitos de eventual prorrogação.

Não há, na legislação aplicável ao setor portuário, nenhum dispositivo sobre o "prazo mínimo" para o pleito de prorrogação antecipada.

A Lei nº 13.448/2017, a despeito não incluir que o contrato objeto da prorrogação antecipada deve estar "em vigor", fixou prazos máximos e mínimos para as prorrogações dos setores rodoviário e ferroviário. A prorrogação antecipada deve ocorrer apenas nos contratos de concessão "cujo prazo de vigência, à época da manifestação da parte interessada, encontrar-se entre 50% (cinquenta por cento) e 90% (noventa por cento) do prazo originalmente estipulado".[151]

É possível extrair três comandos a partir desse dispositivo. Primeiro, os contratos de concessão do setor rodoviário ou ferroviário devem estar vigentes, o que é lógico considerando a característica temporal da prorrogação antecipada. Segundo, as concessionárias não poderão pleitear a prorrogação antecipada quando a vigência contratual for anterior a 50% ou superior a 90% do prazo originalmente estipulado. Terceiro, a constatação da vigência do contrato de concessão ocorrerá concomitantemente à apresentação do pedido de prorrogação antecipada. Isto é, se a concessão rodoviária ou ferroviária estiver em até 90% do seu prazo originalmente estipulado, o pedido de prorrogação antecipada cumprirá com o requisito de tempestividade do pleito.

A legislação portuária, por outro lado, não aborda o momento em que a vigência do contrato de arrendamento portuário será verificada. Como mencionado, o Decreto nº 8.033/2013 e a Portaria 530/2019 apenas estabelecem que será considerada prorrogação antecipada aquela que ocorrer previamente ao último quinquênio de vigência do contrato.

Se o dispositivo legal for interpretado de forma literal, ele deverá ser entendido como: a prorrogação antecipada, formalizada via termo aditivo, deve ocorrer em até 5 anos antes do término da vigência contratual. Entretanto, essa interpretação pode gerar barreiras à aprovação do pedido de prorrogação antecipada sem que o arrendatário lhe tenha dado causa. Por exemplo, eventual morosidade na instrução do processo administrativo perante o poder concedente, cuja decisão final depende da análise e emissão de atos administrativos por diversas

---

[151] Artigo 6º, §1º, da Lei nº 13.448/2017.

instâncias, poderá fazer com que o direito à prorrogação do arrendamento caduque.

Nesses casos, a análise do pedido de prorrogação antecipada até poderá ser favorável à sua aprovação, após avaliação da compatibilidade dos novos investimentos com o interesse público em detrimento de uma prorrogação ordinária ou de uma nova licitação. Contudo, em razão do lapso temporal entre o protocolo do pedido, pela arrendatária, e a prolação da decisão final, a inclusão e execução de investimentos no instrumento contratual será vedada.

O setor de telecomunicações, por sua vez, estabelece que os contratos de concessão para a exploração do serviço no regime público devem indicar as condições de prorrogação, inclusive os critérios para fixação do valor.[152] Ademais, a Lei nº 9.472/1997 destaca que o prazo máximo da concessão será de 20 anos, prorrogável por iguais períodos, desde que a concessionária tenha cumprido as condições e as obrigações já assumidas e manifeste o seu expresso interesse na prorrogação em até, pelo menos, 30 meses antes do seu vencimento.

Além da legislação aplicável aos setores regulados, os próprios contratos de concessão também podem conter disposições específicas disciplinando o período em que as concessionárias deverão apresentar os seus pedidos de prorrogações.

No caso do Contrato de Arrendamento 05/2020, por exemplo, a sua vigência está vinculada ao prazo de 25 anos, podendo ser prorrogada por sucessivas vezes até o limite de 70 anos.[153] A prorrogação, inclusive, é definida nesse instrumento como "qualquer forma de extensão, prorrogação, renovação ou postergação do prazo de vigência deste contrato em relação ao prazo do arrendamento".[154]

A arrendatária, contudo, deverá manifestar formalmente o seu interesse na prorrogação em até 60 meses antes da data do término do prazo contratual.[155] Como mencionado, a legislação aplicável ao setor portuário prevê que a prorrogação que ocorrer previamente ao último quinquênio de vigência do contrato de arrendamento será considerada como prorrogação antecipada.

---

[152] Artigo 73, VI, da Lei nº 9.472/1997.
[153] Cláusula 3.1 do Contrato de Arrendamento 05/2020. Disponível em: https://intranet.portodesantos.com.br/docpublico/proaps/proaps_298_0.pdf. Acesso em: 14.06.2022.
[154] Cláusula 1.1.1, XXXVII, do Contrato de Arrendamento 05/2020. Disponível em: https://intranet.portodesantos.com.br/docpublico/proaps/proaps_298_0.pdf. Acesso em: 14.06.2022.
[155] Cláusula 3.4.2 do Contrato de Arrendamento 05/2020. Disponível em: https://intranet.portodesantos.com.br/docpublico/proaps/proaps_298_0.pdf. Acesso em: 14.06.2022.

Ao passo que o Contrato de Arrendamento 05/2020 estabelece que a arrendatária deve manifestar o seu interesse na prorrogação em até 60 meses antes do término da vigência do instrumento, não haveria a hipótese de prorrogação ordinária. Em outras palavras, ao analisarmos as disposições legais aplicáveis conjuntamente com as previsões do Contrato de Arrendamento 05/2020, a arrendatária jamais poderá pleitear a prorrogação do contrato quando a vigência da relação for inferior a 60 meses.

Não haveria, portanto, a possibilidade de uma prorrogação ordinária nesse caso exemplificativo. Com base no conceito definido neste estudo, a prorrogação seria antecipada, afinal, o termo aditivo da prorrogação é o que formalizará a extensão do prazo de vigência.

Dessa forma, os pedidos de prorrogação contratual devem observar a legislação aplicável e os dispositivos contratuais do caso concreto. Não havendo prazo mínimo, tal como há no caso das prorrogações antecipadas das concessões federais rodoviárias e ferroviárias, será possível propor a antecipação dos efeitos da prorrogação, ainda que a vigência original do contrato esteja distante. O requisito temporal ou de tempestividade estará cumprido, entretanto os demais requisitos ainda deverão ser satisfeitos, especialmente a motivação do poder concedente em relação ao interesse público da prorrogação antecipada em detrimento de outras alternativas.

4.5 Compatibilidade com o interesse público ou "vantajosidade" da medida

Um dos principais requisitos aplicáveis à prorrogação antecipada diz respeito à motivação[156] da medida em detrimento das demais

---

[156] "Não se confunde o motivo do ato administrativo com a 'motivação' feita pela autoridade administrativa. A motivação integra a 'formalização' do ato, sendo um requisito formalístico dele (cf. ns. 53 e ss.). É a exposição dos motivos, a fundamentação na qual são enunciados (a) a regra de Direito habilitante, (b) os fatos em que o agente se estribou para decidir e, muitas vezes, obrigatoriamente, (c) a enunciação da relação de pertinência lógica entre os fatos ocorridos e o ato praticado. Não basta, pois, em uma imensa variedade de hipóteses, apenas aludir ao dispositivo legal que o agente tomou como base para editar o ato. Na motivação transparece aquilo que o agente apresenta como 'causa' do ato administrativo, noção que será melhor esclarecida a breve trecho (cf. ns. 50 e ss.)" (Celso Antônio Bandeira de Mello. *Curso de direito administrativo*, p. 327).

Há, ainda, posição doutrinária defendendo que a motivação constituiria um "ato jurídico autônomo" de modo que essa integraria a álea dos requisitos procedimentais do ato administrativo. Nesses termos, v. Carlos Ari Sundfeld. A motivação do ato administrativo como garantia dos administrados. *Revista de direito público*. São Paulo, v. 75, p. 118-125, jul./

alternativas disponíveis. É o que a legislação e parte da doutrina e jurisprudência convencionaram chamar de demonstração da "vantajosidade" da prorrogação antecipada.[157]

Embora a Constituição Federal não tenha consagrado expressamente o dever de motivação dos atos administrativos como um princípio norteador da função administrativa, o seu fundamento de validade está implícito em dois dispositivos constitucionais. De acordo com o primeiro artigo da Constituição Federal, a República Federativa do Brasil é constituída como Estado Democrático de Direito. É dizer que o nosso ordenamento jurídico privilegiou a estrutura republicana, federativa, democrática e de Estado de Direito, extraindo-se daqui a regra geral de motivação de qualquer ato editado no exercício da função administrativa.[158]

---

set. 1985; e Antônio Carlos de Araújo Cintra. *Motivo e motivação do ato administrativo*. São Paulo: Revista dos Tribunais, 1979.

[157] O termo "vantajosidade" não é previsto na legislação, mas assim ficou coloquialmente definido para se referir à compatibilidade da prorrogação antecipada vis-à-vis as demais opções regulatórias. Nesse sentido, a manifestação da Secretaria de Fiscalização de Infraestrutura Portuária e Ferroviária do Tribunal de Contas da União "236. Inicialmente, cabe deixar registrado que o termo 'vantajosidade' não possui correspondência no Vocabulário Ortográfico da Língua Portuguesa da Academia Brasileira de Letras, que é o repositório de referência do léxico. Entretanto, esse neologismo tem se verificado na doutrina do Direito Administrativo, derivado do princípio de seleção da proposta mais vantajosa insculpido no art. 3º, caput, da Lei nº 8.666/1993, já tendo sido positivado em algumas portarias e normativos do Executivo, bem como em algumas decisões do próprio TCU. Assim, com as devidas vênias aos gramáticos do vernáculo pátrio, o termo 'vantajosidade' será empregado no presente trabalho com o significado redundante de 'característica daquilo que é vantajoso'" (Tribunal de Contas da União, Plenário, Acórdão 2.876/2019, TC 009.032/2016-9, Ministro Relator Augusto Nardes. Data de julgamento: 27.11.2019).

[158] "Desses três princípios estruturantes – republicano, democrático e do Estado de Direito – decorre a regra geral de que todo ato administrativo deve ser motivado. Está absolutamente superado o velho entendimento de que somente é obrigatória a motivação quando a lei expressamente a imponha. São os princípios jurídicos que determinam quando uma decisão deve ou não ser motivada: na ausência de uma regra abstrata que imponha a motivação não há que se descartar sua imposição; pelo contrário, como regra geral, ela é sempre obrigatória. Despicienda, assim, sua previsão legal" (Ricardo Marcondes Martins. Ato administrativo. In: Ricardo Marcondes Martins; Romeu Felipe Bacellar Filho. *Tratado de direito administrativo* – v. 5: ato administrativo e processo administrativo [livro eletrônico]. 2. ed. São Paulo: Revista dos Tribunais, 2019, RB-5.19).
O Supremo Tribunal Federal reconheceu que o dever de motivação dos atos administrativos está interligado com o ideal do Estado Democrático de Direito: "Esse dever, ademais, está ligado à própria ideia de Estado Democrático de Direito, no qual a legitimidade de todas as decisões administrativas tem como pressuposto a possibilidade de que seus destinatários as compreendam e o de que possam, caso queiram, contestá-las. No regime político que essa forma de Estado consubstancia, é preciso demonstrar não apenas que a Administração, ao agir, visou ao interesse público, mas também que agiu legal e imparcialmente" (Supremo Tribunal Federal, Plenário, RE 589.998, Ministro Relator Ricardo Lewandowski, data do julgamento: 20.03.2013).

Ademais, ao prever que as decisões administrativas dos tribunais serão motivadas em sessão pública,[159] o constituinte não restringiu o dever de motivação às decisões emanadas pelo Poder Judiciário, mas também àquelas editadas por órgãos e entidades da Administração Pública. E esse dever não surgiria somente aos casos em que a lei expressamente requer a motivação da decisão administrativa.[160-161]

A Administração Pública deve, via de regra, apresentar a motivação para todos os atos administrativos, sejam vinculados, sejam discricionários.[162] A ausência de motivação de ato administrativo poderá ensejará a sua invalidação, salvo se a Administração Pública demonstrar que a motivação do ato havia sido editada anteriormente.[163]

---

[159] Artigo 93, X, da Constituição Federal.

[160] "Les agents publics ne sont tenus de motiver leurs actes que lorsque la loi ou un règlement les y oblige. En l'absence d'un texte, ils n'ont pas besoin de motiver leurs décisions" (Gaston Jèze. *Les principes généraux du droit administratif*. Paris: Marcel Giard, 1926, v. III : le conctionnement des services publics. p. 220).

[161] Registra-se a existência de corrente divergente sobre o tema: "No que se refere à motivação, porém, temos para nós, com o respeito que nos merecem as respeitáveis opiniões dissonantes, que, como regra, a obrigatoriedade inexiste. Fundamo-nos em que a Constituição Federal não incluiu (e nem seria lógico incluir, segundo nos parece) qualquer princípio pelo qual se pudesse vislumbrar tal intentio; e o Constituinte, que pela primeira vez assentou regras e princípios aplicáveis à Administração Pública, tinha tudo para fazê-lo, de modo que, se não o fez, é porque não quis erigir como princípio a obrigatoriedade de motivação. Entendemos que, para concluir-se pela obrigatoriedade, haveria de estar ela expressa em mandamento constitucional, o que, na verdade, não ocorre. Ressalvamos, entretanto, que também não existe norma que vede ao legislador expressar a obrigatoriedade. Assim, só se poderá considerar a motivação obrigatória se houver norma legal expressa nesse sentido" (José dos Santos Carvalho Filho. *Manual de direito administrativo*. Rio de Janeiro: Lumen Juris, 2010. p. 125-126).

[162] "Quanto aos atos ditos vinculados os quatro doutrinadores [Celso Antônio Bandeira de Mello, Floriano Dutra de Araújo, Carlos Ari Sundfeld e Juarez Freitas] afirmam, com palavras diferentes, a mesma ideia à qual acedemos sem reservas: a motivação é exigível também dos atos vinculados, o que significa que não se pode transformar em uma prática comum na rotina do administrador a supressão da motivação em atos de competência vinculada; mas, se porventura a motivação não ocorrer – o que deve ser exceção, apenas acontecer por uma falha justificável –, o ato poderá ser convalidado se for reconhecida que a única solução possível a contemplar a competência vinculada é realmente a interpretação jurídica que foi empregada pela Administração" (Luis Manuel Fonseca Pires. *Controle judicial da discricionariedade administrativa: dos conceitos jurídicos indeterminados às políticas públicas*. Rio de Janeiro: Elsevier, 2009. p. 201-202).

[163] "Assim, se o ato [vinculado] não houver sido motivado, mas for possível demonstrar ulteriormente, de maneira indisputavelmente objetiva e para além de qualquer dúvida ou entredúvida, que o motivo exigente do ato preexistia, dever-se-á considerar sanado o vício do ato. [...] Entretanto, se se tratar de ato praticado no exercício de competência discricionária, salvo alguma hipótese excepcional, há de se entender que o ato não motivado está irremissivelmente maculado de vício e deve ser fulminado por inválido, já que a Administração poderia, ao depois, ante o risco de invalidação dele, inventar algum motivo, 'fabricar' razões lógicas para justificá-lo e alegar que as tomou em consideração quando da prática do ato. Contudo, nos casos em que a lei não exija motivação, não

Em matéria de prorrogação antecipada dos contratos de concessão de serviços públicos, o poder concedente tem o dever de motivar as razões pelas quais a antecipação dos efeitos da prorrogação atende ao interesse público. E isso deve ser feito sopesando-se com as demais alternativas que estavam à disposição do poder concedente, como a manutenção das condições originais do contrato de concessão sem prorrogação; a prorrogação ordinária da concessão; a extinção antecipada do contrato de concessão; e a condução de uma nova licitação, entre outras.

Esse é o significado da "vantajosidade" que deve ser demonstrado pelo poder concedente. Um conceito jurídico indeterminado, mas que equivale ao dever de o órgão ou a entidade competente buscar a solução, sob a perspectiva econômico-financeira, técnica, jurídica etc., que melhor atenda ao interesse público de acordo com as particularidades do caso concreto.

A Lei nº 13.448/2017 atribui ao órgão ou entidade competente o dever de elaborar o estudo técnico prévio que fundamente a vantagem da prorrogação antecipada em detrimento da realização de nova licitação para a outorga. Esse estudo técnico deverá apresentar o contexto da prorrogação e todos os impactos que podem derivar do projeto de concessão. Isso envolverá a análise (i) das estimativas dos custos e das despesas operacionais, (ii) das estimativas de demanda, (iii) da modelagem econômico-financeira, (iv) das diretrizes ambientais, (v) das considerações sobre as principais questões jurídicas e regulatórias existentes e (vi) dos valores devidos ao poder público pela prorrogação, quando aplicável.[164]

A elaboração do estudo técnico tem como propósito guiar o administrador na análise dos impactos da prorrogação para, então, compará-la com as demais possibilidades do caso concreto. Ao avaliar o processo de prorrogação antecipada do contrato de concessão ferroviária da Malha Paulista, a Secretaria de Fiscalização de Infraestrutura

---

se pode, consoante dito, descartar alguma hipótese excepcional em que seja possível à Administração demonstrar e de maneira absolutamente inquestionável que (a) o motivo extemporaneamente alegado preexistia; (b) que era idôneo para justificar o ato e (c) que tal motivo foi a razão determinante da prática do ato. Se estes três fatores concorrerem há de se entender, igualmente, que o ato se convalida com a motivação ulterior" (Celso Antônio Bandeira de Mello. *Curso de direito administrativo*, p. 329).

[164] Artigo 8º da Lei nº 13.448/2017. Esses elementos são os requisitos mínimos que devem estar no estudo técnico da prorrogação antecipada nos setores rodoviário e ferroviário. Nada obsta que o órgão ou entidade competente incluam novos temas para avaliar a existência do interesse público na prorrogação antecipada.

Portuária e Ferroviária do Tribunal de Contas da União destacou que a vantajosidade havia sido mensurada pela ANTT por meio da ferramenta denominada Análise do Impacto Regulatório (AIR).[165]

Nesse caso específico, a ANTT primeiro determinou qual era o problema a ser solucionado na infraestrutura ferroviária da Malha Paulista e quais seriam os fatores que ensejaram os gargalos identificados. De acordo com a análise técnica da ANTT, definiu-se como objetivos a serem solucionados: a eliminação de conflitos urbanos; a ampliação da capacidade na malha ferroviária; adequação do estado de conservação e manutenção da malha; ampliação do desempenho operacional; adequação do instrumento contratual às melhores práticas de regulação; e aumento do compartilhamento de infraestrutura.[166]

A partir disso, a ANTT descreveu as possíveis alternativas regulatórias, entre elas (i) a prorrogação contratual no advento do termo contratual, (ii) a realização de nova licitação após o término do prazo de vigência original, (iii) a alteração contratual unilateral com a consequente ampliação do prazo de vigência como mecanismo de reequilíbrio, (iv) a extinção antecipada e realização de nova licitação e, por fim, (v) a prorrogação antecipada.[167]

---

[165] "262. Para aferir a vantajosidade, a ANTT analisou algumas das possíveis alternativas à prorrogação por meio da ferramenta denominada Análise do Impacto Regulatório (AIR). Referido estudo foi baseado nas orientações presentes nos documentos 'Guia Orientativo para Elaboração de Análise de Impacto Regulatório (AIR)' e 'Diretrizes Gerais e Roteiro Analítico Sugerido para Análise de Impacto Regulatório - Diretrizes Gerais AIR', ambos produzidos pela Casa Civil da Presidência da República. Utilizou-se ainda como base, com as devidas adaptações, o modelo de AIR atualmente adotado pela European Union Agency for Railways – ERA (peça 165, p. 33)" (Tribunal de Contas da União, Plenário, Acórdão 2.876/2019, TC 009.032/2016-9, Ministro Relator Augusto Nardes. Data de julgamento: 27.11.2019). O "Estudo Técnico de Fundamentação da Vantagem de Prorrogação do Contrato de Concessão da Malha Paulista em Relação à Realização de Nova Licitação" foi produzido pela ANTT e acostado nos autos do Processo Administrativo ANTT 50500.310500/2015-89 (p. 3319-3366).

[166] "Conforme exposto, há três fatos notórios que exigem a realização de investimentos na Malha Paulista: (i) a mudança de perfil de transporte regional para ferrovia de passagem; (ii) a saturação da capacidade da Linha Tronco, pela qual perpassa a maioria de seus fluxos; (iii) a iminente conexão da Ferrovia Norte-Sul que trará volumes expressivos de transporte em curto e médio prazo. Entretanto, o atual Contrato de Concessão, assinado na década de 90, não previu a realização de investimentos, tampouco regras claras para indenização ou reversibilidade. Diante disso, torna-se imperativo analisar a questão da necessidade de investimentos na Malha Paulista" (Processo Administrativo ANTT 50500.310500/2015-89, Estudo Técnico de Fundamentação da Vantagem de Prorrogação do Contrato de Concessão da Malha Paulista em Relação à Realização de Nova Licitação, p. 3334).

[167] "263. Assim, na composição da AIR, a ANTT menciona: (i) o problema que se pretende solucionar, bem como os fatores causadores desse; (ii) o objetivo geral e os objetivos específicos; (iii) a descrição das possíveis alternativas regulatórias; (iv) a avaliação dos

A ANTT estudou os impactos positivos e negativos de cada alternativa em relação a aumentos de custos aos usuários, melhoras na infraestrutura ferroviária, prazo para solucionar as ineficiências identificadas, segurança jurídica, ampliação de capacidade e segurança e necessidade de estoque regulatório etc. A partir disso, a ANTT valorou cada impacto a partir de uma métrica de 1, para impactos de baixa relevância, a 5, para impactos de alta relevância.[168]

O cenário de prorrogação antecipada foi classificado como a de maior eficiência, e a alternativa denominada "cenário base" (prorrogação contratual no advento do termo contratual com a subsequente nova licitação da concessão) como de menor eficiência. Avaliou-se, ainda, a efetividade das diferentes alternativas regulatórias para a consecução dos diferentes objetivos específicos no curto, médio e longo prazo. Novamente, a alternativa regulatória da prorrogação antecipada

---

impactos gerados e da efetividade das alternativas regulatórias; e (v) a recomendação de uma ou mais alternativas, com vistas a subsidiar o processo de tomada de decisões. 264. Foram consideradas as seguintes alternativas regulatórias na AIR: 1) Cenário base: 1.1) Prorrogação contratual no advento do termo contratual; e 1.2) Realização de nova licitação no advento do termo contratual; 2) Alteração contratual com reequilíbrio por extensão de prazo; 3) Prorrogação antecipada; e 4) Extinção antecipada e realização de nova licitação" (Tribunal de Contas da União, Plenário, Acórdão 2.876/2019, TC 009.032/2016-9, Ministro Relator Augusto Nardes. Data de julgamento: 27.11.2019).

[168] "Cenário Base: de forma geral, no curto prazo, considerou-se a efetividade do cenário base como baixa ou muito baixa no endereçamento dos diferentes objetivos específicos. Atribuiu-se decréscimo na efetividade para solução de alguns objetivos no médio prazo, em virtude da aproximação do advento do termo contratual; No longo prazo, considerou-se que tanto a prorrogação quanto a licitação possuem efeitos semelhantes, com vantagens para o processo licitatório; Considerou-se que a prorrogação será mais efetiva no atingimento de alguns dos objetivos se realizada daqui 10 anos (longo prazo) do que agora (curto prazo), tendo em vista o maior prazo para análise e a melhoria da regulação nos próximos anos. Alteração Contratual com Reequilíbrio por Extensão de Prazo: Principal reflexo se dá sobre a ampliação da capacidade; Assume-se uma melhora entre o curto e médio prazo no atingimento de alguns dos objetivos, com perda de performance no longo prazo; A efetividade no curto prazo foi considerada no máximo regular, tendo em vista que o instituto jamais foi utilizado no cenário ferroviário nacional para solução do problema já apontado, mesmo estando à disposição desde o início da Concessão. Prorrogação antecipada: Efeitos produzidos já no curto e médio prazo; Considerada menos efetiva se realizada nesse momento do que ao final do contrato, em virtude do prazo para estudo e melhor endereçamento das questões, bem como pela melhoria da regulação nos próximos anos. Extinção antecipada: Efetividade semelhante à do cenário base no curto prazo; Assumiu-se que o encerramento da Concessão ocorreria em até 5 anos; Geração de elevada insegurança jurídica em virtude da extinção antecipada por meio de encampação; Considerou-se que o processo licitatório após a extinção da Concessão seria menos efetivo que se realizado no advento do termo contratual, sobretudo em vistas do afastamento de players importantes pelo cenário de insegurança jurídica gerado" (Processo Administrativo ANTT 50500.310500/2015-89, Estudo Técnico de Fundamentação da Vantagem de Prorrogação do Contrato de Concessão da Malha Paulista em Relação à Realização de Nova Licitação, p. 3341).

revelou-se com maior eficiência e efetividade, inclusive no tocante aos benefícios econômicos, redução de acidentes, geração de empregos, impactos ambientais e urbanos.

A despeito da propositura de ajustes pontuais nos estudos produzidos pela ANTT e na minuta do termo aditivo, os ministros do Tribunal de Contas da União posicionaram-se a favor da aprovação da prorrogação antecipada da concessão da Malha Paulista.

No setor portuário, as prorrogações antecipadas foram duramente criticadas pelo Tribunal de Contas da União em razão do baixo grau de análise realizado pela ANTAQ e, consequentemente, pela deficiência na motivação das prorrogações antecipadas. Em análise ampla da aplicação do instituto no setor portuário, o Tribunal de Contas da União destacou que a ANTAQ não tinha se aprofundado na análise dos benefícios da prorrogação antecipada em detrimento de demais alternativas regulatórias, mas apenas avaliado os custos que seriam incorridos pelas arrendatárias.[169]

Em outra ocasião, o Tribunal de Contas da União avaliou a tramitação e a fiscalização de 13 pedidos de prorrogação antecipada feitos por arrendatárias de instalações portuárias. De acordo com a unidade técnica do órgão de controle, identificou-se falhas regulatórias e institucionais por parte da ANTAQ e do poder concedente, sobretudo na falta de detalhamento dos projetos executivos apresentados pelas arrendatárias e a morosidade na aprovação do estudo de viabilidade técnica, econômica e ambiental (EVTEA) e projeto executivo.

Apenas em 2017 era estimado o valor de R$ 2,5 bilhões de investimentos na infraestrutura portuária em razão das prorrogações antecipadas. Após avaliar a efetiva execução de obras e intervenções pelas arrendatárias, o Tribunal de Contas da União deparou-se com investimentos de apenas R$ 964 milhões.[170]

---

[169] "39. No exame dos processos relacionados aos terminais de contêineres da Santos Brasil e de Paranaguá, por exemplo, a Antaq não demonstrou a realização de uma avaliação detida dos custos das obras previstas, tampouco o confronto desses com os eventuais benefícios. Nos estudos de viabilidade do Tecon da Santos Brasil, a previsão de aumento na capacidade de armazenagem e a aquisição de novos equipamentos de auxílio na movimentação de cargas não se refletiu em incremento na movimentação. [...] 41. Para justificar a prorrogação antecipada, não basta realizar despesas substanciais; é imperioso que os investimentos efetivamente agreguem valor ao processo produtivo e promovam expansão da infraestrutura, melhoria da eficiência operacional e redução dos custos de operação. Enfim, que evidenciem um efetivo interesse público na extensão dos contratos" (Tribunal de Contas da União, Plenário, Acórdão 2.200/2015, TC 024.882.2014-3, Ministra Relatora Ana Arraes. Data de julgamento: 02.09.2015).

[170] "Segundo as informações enviadas pela própria Antaq, apenas R$ 964 milhões foram investidos pelas arrendatárias, dos mais de R$ 2,5 bilhões previstos pelos planos de

Nesse caso, o Tribunal de Contas da União apontou a falta de aderência das prorrogações antecipadas de contratos de arrendamento portuário ao interesse público, mesmo após a assinatura dos termos aditivos ampliando o seu prazo de vigência. Afinal, apesar de a ANTAQ e de o poder concedente terem entendido pela vantajosidade da prorrogação antecipada, após a assinatura dos termos aditivos não se identificou a efetiva execução de investimentos que poderiam pôr em prática as premissas da vantajosidade da prorrogação antecipada.[171]

Como consequência, o órgão de controle determinou que o poder concedente e a ANTAQ se abstivessem de assinar novas prorrogações antecipadas de contratos de arrendamento portuários até que eles produzissem soluções normativas capazes de assegurar a ampliação dos investimentos e a modernização do setor a partir da ampliação dos prazos contratuais.

Em 2019, o Ministério da Infraestrutura editou a Portaria 520/2019 estabelecendo normas para alterações em contratos de arrendamento portuário. Segundo esse ato, a aprovação da prorrogação antecipada estaria sujeita à aprovação do EVTEA e do plano de investimentos, além da "justificativa da vantajosidade da prorrogação em relação a uma nova licitação".[172]

A vantajosidade da prorrogação deveria ser avaliada sob a perspectiva qualitativa e atestada após a análise de diversos elementos,

---

investimento, para o ano de 2017. Tal fato demonstra que os objetivos da prorrogação antecipada não foram atingidos, segundo tais planos, apresentados para justificar e legitimar as prorrogações antecipadas de contratos em vias de conclusão. Os dados da tabela 1 do Relatório que acompanha este Voto demonstram que há atrasos no cronograma de investimentos de seis arrendatárias, do total de treze. O percentual global de execução dos investimentos foi apurado em 31,6% do previsto, considerando apenas onze dos treze arrendamentos listados. [...] Tais resultados sinalizam, objetiva e concretamente, para a baixíssima efetividade do instituto das prorrogações antecipadas de contratos, frente aos objetivos de modernização do setor portuário, com vistas a aumentar a competitividade e o desenvolvimento do País" (Tribunal de Contas da União, Plenário, Acórdão 2.486/2018, TC 005.313/2018-0, Ministro Relator Walton Alencar Rodrigues. Data do julgamento: 31.10.2018).

[171] "Demonstram tais resultados a pertinência dos alertas do TCU acerca da multiplicidade e da complexidade dos mecanismos a serem postos em prática, com vistas a assegurar que o instituto das prorrogações antecipadas de contratos seja capaz de trazer os benefícios esperados, diante das limitações institucionais existentes. [...] As provas contundentes e concretas são no sentido de que os benefícios ao interesse público – que justificariam a prorrogação antecipada dos contratos de arrendamento portuário – não estão se materializando como previsto. Tal fato deve servir de alerta máximo para a análise desses excepcionais aditamentos" (Tribunal de Contas da União, Plenário, Acórdão 2.486/2018, TC 005.313/2018-0, Ministro Relator Walton Alencar Rodrigues. Data do julgamento: 31.10.2018).

[172] Artigo 68, II, da Portaria 530/2019.

sendo eles: (i) a eficiência e o desempenho da arrendatária na prestação de serviços aos usuários do porto, (ii) o cumprimento das obrigações contratuais ao longo da vigência do contrato de arrendamento, (iii) o cumprimento pela arrendatária das normas regulatórias da ANTAQ, (iv) a atratividade do plano de investimento, quando houver, e (v) outros fatores considerados relevantes pelo poder concedente.[173]

O ato normativo indica as condições mínimas que devem ser consideradas pelo poder concedente para avaliar a compatibilidade da prorrogação antecipada com o interesse público, sobretudo em relação a uma possível nova licitação da área arrendada. Apesar de o poder concedente também poder comparar as vantagens da prorrogação antecipada com outras alternativas regulatórias, tal como ocorreu na análise concreta feita pela ANTT na prorrogação antecipada da Malha Paulista, a portaria do Ministério da Infraestrutura não impôs esse dever para o setor portuário.

Ao avaliar o ato normativo criado pelo poder concedente, o Tribunal de Contas da União avaliou que as medidas adotadas eram suficientes para assegurar a análise da vantajosidade das prorrogações antecipadas e, especialmente, para fiscalizar a execução dos investimentos propostos pelas arrendatárias.[174] Por fim, determinou a revogação da medida cautelar que proibia a assinatura de novos termos aditivos de prorrogações antecipadas do setor portuário.

No setor elétrico, como já exposto brevemente, grande parte dos contratos de concessão de distribuição de energia elétrica foram assinados antes da promulgação da Lei 8.987/1995. Essa lei determinou que as concessões outorgadas previamente à sua promulgação permaneceriam válidas pelo prazo fixado no contrato ou no ato de outorga.[175]

---

[173] Artigo 68, parágrafo único, da Portaria 530/2019.

[174] "Diante desses elementos, a unidade técnica conclui que o cenário que se desenha para o futuro, após o cumprimento e a implementação de praticamente todas as determinações e recomendações endereçadas pelo Plenário desta Corte nos Acórdãos 2.200/2015, 989/2017, 2.092/2017 e 2.486/2018 é de um processo mais maduro, pois: a) a portaria harmoniza as competências específicas de autoridades portuárias e agência reguladora com vistas a eliminar sobreposições, atribuindo prazos e conteúdo dos atos que se esperam delas; b) a Antaq tem realizado fiscalizações sobre os contratos prorrogados e promovido medidas sancionatórias em virtude de atrasos ou novas situações; c) o Poder Público consignou que as novas metodologias sejam aplicadas não apenas nos novos pedidos de dilação, mas também naqueles em curso e, em alguns casos, em situações onde o exame da Agência já havia sido emitido" (Tribunal de Contas da União, Plenário, Acórdão 888/2020, TC 005.313/2018-0, Ministro Relator Walton Alencar Rodrigues, data do julgamento 08.04.2020).

[175] Artigo 42 da Lei nº 8.987/1995.

Mais adiante, as concessões de distribuição de energia elétrica foram prorrogadas por um prazo que se encerrou, em sua maioria, em 2015.[176]

Assim, a Lei nº 12.783/2013 possibilitou ao poder concedente a prorrogação desses mesmos contratos de distribuição de energia elétrica para assegurar a continuidade e a eficiência da prestação dos serviços públicos, a modicidade tarifária, o atendimento a parâmetros de racionalidade operacional e econômica, entre outras condições.[177]

Ao avaliar a aplicabilidade dessa nova prorrogação, a unidade técnica do Tribunal de Contas da União propôs a determinação ao poder concedente de uma nova licitação para todas as concessões de distribuição de energia elétrica. Isso porque, segundo a unidade técnica, o poder concedente não haveria justificado adequadamente a decisão por prorrogar todos os contratos de concessão sem a análise detida de cada um deles e as possíveis alternativas regulatórias.[178]

Não obstante a modalidade ordinária dessas prorrogações, convém ressaltar a motivação exposta pelo poder concedente ao órgão de

---

[176] Artigo 22 da Lei nº 9.074/1995: "As concessões de distribuição de energia elétrica alcançadas pelo art. 42 da Lei nº 8.987, de 1995, poderão ser prorrogadas, desde que reagrupadas segundo critérios de racionalidade operacional e econômica, por solicitação do concessionário ou iniciativa do poder concedente".

[177] Artigo 7º da Lei nº 12.783/2013: "A partir de 12 de setembro de 2012, as concessões de distribuição de energia elétrica alcançadas pelo art. 22 da Lei nº 9.074, de 1995, poderão ser prorrogadas, a critério do poder concedente, uma única vez, pelo prazo de até 30 (trinta) anos, de forma a assegurar a continuidade, a eficiência da prestação do serviço, a modicidade tarifária e o atendimento a critérios de racionalidade operacional e econômica. Parágrafo único. A prorrogação das concessões de distribuição de energia elétrica dependerá da aceitação expressa das condições estabelecidas no contrato de concessão ou no termo aditivo".

[178] "17. Diante disso, propõe determinar ao MME que promova a licitação de todas as concessões abrangidas no art. 7º da Lei nº 12.783/2013, prorrogando-se os contratos apenas durante o período necessário para a preparação dos procedimentos licitatórios e assunção de nova concessionária. 18. A conclusão pela necessidade de realização de licitação considera que não foram apresentados estudos suficientemente detalhados para justificar a opção pela prorrogação dos contratos. Para a unidade técnica, faltaram informações consistentes, indicando vantagens e desvantagens de prorrogar ou licitar, que pudessem ser levadas em conta para a melhor tomada de decisão, não restando também devidamente demonstrados os riscos que a licitação poderia trazer ao atendimento dos critérios da lei. 19 A SeinfraElétrica fundamenta sua proposta também na intempestividade para a definição das diretrizes da prorrogação, salientando, nesse ponto, que desde 2010 o MME não atende às cobranças do Tribunal para a apresentação das ações preparatórias com vistas ao vencimento dessas concessões. 20. Com relação ao atraso na tomada de decisão, há de se reconhecer que a edição do decreto regulamentando em 2/6/2015, faltando pouco mais de um mês para o final de quase todas as concessões, que veio a acontecer em 7/7/2015, decerto gerou instabilidade jurídica e regulatória e pode ter contribuído para aumentar os riscos da licitação, favorecendo de algum modo a opção pela prorrogação" (Tribunal de Contas da União, Plenário, Acórdão 2.253/2015, TC 003.379/2015-9, Ministro Relator José Múcio Monteiro. Data do julgamento: 09.09.2015).

controle. O poder concedente sustentou a existência de complicações conjunturais e estruturais que recaíram sobre o setor elétrico em 2013 e 2014 e dificultaram a definição de diretrizes para novas licitações das outorgas.[179] Ademais, relatou que a extinção dos contratos com o advento do prazo de vigência levaria ao pagamento de indenizações, em favor das concessionárias, pelos investimentos realizados e não amortizados em bens da concessão.[180]

Diante desses esclarecimentos, o plenário do Tribunal de Contas da União destacou a insuficiência de informações e análises pelo poder concedente para autorizar as prorrogações dos contratos de distribuição de energia elétrica. Entre esses elementos não sopesados, apontou-se a falta de ponderação do contexto vigente de ampliação de restrições ao financiamento, alto custo de capital, aversão ao risco e ambiente de incertezas regulatórias. Apesar disso, o próprio órgão de controle promoveu uma análise da vantajosidade da prorrogação em detrimento de outras opções regulatórias[181] e, a partir dessas reflexões, considerou

---

[179] "22. O MME alega nos autos que as complicações conjunturais e estruturais enfrentadas pelo setor elétrico em 2013 e 2014 dificultaram a definição, mais cedo, de diretrizes para as concessões em comento. Argumenta que, antes da solução dos vários problemas surgidos nesse período, com destaque para a necessidade de restabelecimento da capacidade econômico-financeira das distribuidoras em razão da hidrologia desfavorável e da exposição involuntária a custos, entre outros fatores, não haveria como se concluir pela melhor alternativa para os contratos vincendos" (Tribunal de Contas da União, Plenário, Acórdão 2.253/2015, TC 003.379/2015-9, Ministro Relator José Múcio Monteiro. Data do julgamento: 09.09.2015).

[180] "Outro problema levantado pelo MME, relacionado à atual conjuntura econômica, é a falta de recursos da União para fazer frente às indenizações pelos ativos não amortizados e não depreciados das atuais concessionárias. Conforme informações da Aneel, com dados de 2012, a base líquida de ativos dessas distribuidoras, que constitui um bom parâmetro do valor indenizável, era de R$ 19 bilhões, ao passo que o EBTIDA (resultado antes dos juros, impostos, depreciação e amortizações) de todo o segmento de distribuição era de cerca de R$ 9,3 bilhões" (Tribunal de Contas da União, Plenário, Acórdão 2.253/2015, TC 003.379/2015-9, Ministro Relator José Múcio Monteiro. Data do julgamento: 09.09.2015).

[181] "36. Uma solução que poderia ser suscitada para mitigar os efeitos da concentração de tantas licitações materialmente relevantes, diminuindo-se assim os riscos de ausência de competição, fuga de capital e falta de recursos, seria a distribuição dos certames por um certo espaço de tempo, de um a três anos, por exemplo, permanecendo as atuais concessionárias à frente do serviço até a contratação, conforme autoriza a legislação. 37. Ocorre que, além de não haver certeza quanto à melhora das condições econômicas do País, existe empecilho de ordem financeira para a implantação dessa solução, visto que a operação das concessionárias em regime precário, sem um contrato de concessão firme, praticamente inviabiliza a realização dos investimentos necessários à continuidade da adequada prestação dos serviços. [...] 38. Outro ponto levantado pelo MME diz respeito à já mencionada preponderância de concessionárias que são empresas estatais. Como se falou, muitas delas têm passivos trabalhistas e de outras naturezas de difícil enfrentamento, significando que a perda das concessões acarretaria o esvaziamento dessas empresas e a provável transferência dos passivos para o respectivo ente federativo

justificada a opção pela prorrogação das concessões prevista na Lei nº 12.783/2013.[182]

Aqui, diferentemente dos demais casos, não houve a análise pelo órgão de controle de um caso concreto ou a ponderação da compatibilidade da prorrogação com o interesse público para cada contrato de concessão. Houve, na verdade, o reconhecimento de uma situação extraordinária que poderia gerar graves consequências ao ambiente energético brasileiro e ao erário caso as concessões de distribuição de energia elétrica não fossem prorrogadas.

O dever de motivação pela Administração Pública, portanto, envolve a análise das peculiaridades do caso concreto e de todas as alternativas regulatórias possíveis. É necessário que a compatibilidade do interesse público com a prorrogação antecipada seja devidamente demonstrada, tanto sob a perspectiva jurídica quanto sob as perspectivas econômico-financeiras, socioeconômicas, técnicas, entre outras.[183]

---

controlador, com impactos potencialmente relevantes nos seus orçamentos".

[182] "E, no julgamento do TC 003.379/2015-9, o Plenário do TCU considerou 'constitucional' a prorrogação antecipada de diversas concessões do serviço público de distribuição de energia elétrica (desde que as concessionárias aceitassem as novas metas de qualidade e de gestão econômico-financeira definidas pela Agência Nacional de Energia Elétrica – Aneel), porque entendeu caracterizadas 'situações de exceção' que justificavam a não realização de licitação pública. De fato, os Ministros da Corte de Contas concordaram que a licitação simultânea de todas as concessões de distribuição de energia elétrica com vencimento até 2017 (ou seja, de quarenta e três concessões de distribuição, que atendiam, em conjunto, dezoito Estados da Federação, fornecendo energia elétrica a cerca de cinquenta milhões de unidades consumidoras, e movimentando, diretamente, em torno de sessenta bilhões de reais, o que representava, no ano de 2014, aproximadamente, cinquenta por cento do mercado e da receita de distribuição nacionais), na conjuntura econômica e política do País existente àquela época (isto é, em um contexto de ampliação de restrições ao financiamento, alto custo de capital, grande aversão ao risco, sem contar o ambiente de incertezas regulatórias em que se encontrava o segmento de distribuição), traria riscos significativamente maiores à continuidade dos serviços e à própria segurança energética do País do que a opção pela prorrogação (pelo prazo de trinta anos) (Felipe Montenegro Viviani Guimarães. Das condições (ou contrapartidas) que o Poder Concedente pode exigir para a realização da chamada "prorrogação por interesse público" das concessões de serviço público. *Revista Brasileira de Políticas Públicas*, Brasília, v. 9, n. 3 p.40-60, 2019. p. 48).

[183] "Assim, no caso de aferição da vantajosidade, além da conferência quanto à obediência aos princípios jurídicos e dispositivos constitucionais e legais, deve haver um levantamento dos fatores que justificam o interesse público existente na escolha da prorrogação antecipada frente a uma nova licitação. [...] À vista disso, com o objetivo de aferir a relação custo-benefício, foi realizado um balanceamento entre os referidos benefícios e os custos necessários à execução dos investimentos, resultando, ao final, na atestação da viabilidade socioeconômica do projeto. Neste ponto, nota-se que o referido exame não deve se restringir apenas aos aspectos de cunho orçamentário, sendo necessário que se aprecie em conjunto as vantagens sociais" (Vanessa Schinzel Pereira. O conceito de vantajosidade da prorrogação antecipada no setor ferroviário. *Revista de Direito e Atualidades*, v. 1, n. 2, 2021.

A insuficiência de dados ou o uso de premissas equivocadas pode colocar em xeque a aprovação da prorrogação antecipada.

E isso foi ressaltado pelo Tribunal de Contas da União quando avaliou o pedido de prorrogação antecipada da Estrada de Ferro Carajás. Tal como feito com a prorrogação antecipada da Malha Paulista, a ANTT preparou estudo de vantajosidade por meio de AIR, definindo, como objetivo geral, a ampliação da oferta e a eliminação de conflitos urbanos no entorno da ferrovia e, como objetivo específico, a realização de investimentos específicos na ferrovia em áreas urbanas.

Após, simulou-se os cenários de prorrogação antecipada, prorrogação reequilíbrio econômico-financeiro, extinção antecipada e manutenção das condições atuais e posterior nova licitação.[184]

Ocorre que diferentemente da análise feita pelo Tribunal de Contas da União conduzida na prorrogação antecipada da Malha Paulista, nesse caso concreto a unidade técnica do órgão de controle entendeu que a vantajosidade da medida não estava demonstrada. Isto é, a Agência não teria apresentado cabalmente os efetivos benefícios ao interesse público com a proposta de prorrogação antecipada do contrato de concessão da Estrada de Ferro Carajás.[185]

Tanto o poder concedente quanto a ANTT manifestaram-se contrariamente à conclusão da unidade técnica do Tribunal de Contas da União. Sustentaram, em síntese, que a prorrogação antecipada estaria na esfera da decisão discricionária do poder concedente e consubstanciada em estudo técnico preparado em linha com a política regulatória

---

p. 20. Disponível em: https://www.portaldeperiodicos.idp.edu.br/rda/article/view/5835. Acesso em: 9 jul. 2022.

[184] Processo Administrativo ANTT 50505.120562/2015-51.

[185] "401. Nesse sentido, a unidade instrutora registrou que no procedimento em curso: (i) não estão previstos investimentos em ampliação de capacidade da via, já que a quase totalidade do que seria necessário já foi investido recentemente; (ii) a ferrovia já supera a previsão do contrato em termos de parâmetros de desempenho; (iii) os investimentos em redução de conflitos urbanos são residuais em relação à base de ativos, até porque os índices de acidentes da EFC não apresentam situação grave ou fora da normalidade do setor; (iv) a ferrovia não apresenta, atualmente, conflitos administrativos e judiciais relevantes com o poder público; (v) grande parte do problema de compartilhamento da infraestrutura foi resolvido com o aditivo que trata da ligação da EFC com a FNS Tramo Central e a ANTT possui instrumentos alternativos para endereçar a questão em caso de necessidade; e (vi) não se pode afirmar que a questão da reversibilidade dos bens se trata de fato jurídico complexo a justificar prorrogação, porque não existe inventário ou normas de reversão detalhadas, não sendo possível quantificar com confiança o período de payback dos investimentos ainda não amortizados" (Tribunal de Contas da União, Acórdão 1.946/2020, TC 018.841/2019-8, Ministro Relator Bruno Dantas. Data do julgamento: 29.07.2020).

vigente (a Portaria 399/2015 do extinto Ministério dos Transportes, Portos e Aviação Civil). Nesse contexto, a regulamentação autorizaria a prorrogação para inclusão de novos investimentos na malha ferroviária, aumento da segurança, ampliação do compartilhamento de infraestrutura e modernização das condições contratuais.

A concessionária da Estrada de Ferro Carajás também manifestou-se em relação às considerações da unidade técnica do Tribunal de Contas da União. Para além das previsões da Portaria 399/2015, a concessionária discorreu sobre os requisitos previstos na Lei nº 13.448/2017 e que proibir a antecipação dos efeitos da prorrogação contratual poderia trazer prejuízos aos usuários e às comunidades existentes próximas à malha ferroviária. Destacou, por fim, que a unidade técnica deveria ter considerado os investimentos anteriormente executados pela concessionária e contabilizados na base de ativos da concessão, pois a vantajosidade da prorrogação antecipada também guardaria relação com o saneamento e o reequilíbrio dos contratos vigentes.[186]

O ministro relator Bruno Dantas enfim divergiu da unidade instrutora para aprovar a prorrogação antecipada da concessão. Em seu voto, o relator destaca que "seria vedado ao Tribunal decidir com base em valores jurídicos puramente abstratos sem considerar outros aspectos que permeiam tal decisão, como as suas consequências práticas, bem como as dificuldades reais enfrentadas pelo gestor". Ademais, ao passo que a concessionária, o poder concedente e a ANTT teriam cumprido os requisitos previstos na Lei nº 13.448/2017, o órgão de controle somente poderia influenciar na decisão se "demonstrado, indubitavelmente, desvio extremo dos princípios que orientam a atuação da Administração Pública".[187]

No caso concreto, o relator indicou que a vantajosidade da prorrogação em face da licitação teria sido exposta pela ANTT em sua AIR,

---

[186] "426. Como já realizou investimentos em conflitos urbanos, a Vale S.A. expôs que o entendimento consubstanciado no relatório preliminar poderia resultar em risco moral, incentivando as concessionárias a não investir para solucionar conflitos urbanos. 427. A concessionária sustentou que a Lei nº 13.448/2017 não exige que novos investimentos sejam despendidos de forma superveniente ao termo aditivo de prorrogação antecipada, pois uma das finalidades da lei seria o saneamento e o reequilíbrio dos contratos vigentes. Nesse sentido, afirmou já ter investido mais de R$ 13 bilhões na EFC e que não considerar esses investimentos no exame de vantajosidade, por serem anteriores à celebração do termo aditivo de prorrogação, afastaria o espírito da norma" (Tribunal de Contas da União, Acórdão 1.946/2020, TC 018.841/2019-8, Ministro Relator Bruno Dantas. Data do julgamento: 29.07.2020).

[187] Tribunal de Contas da União, Acórdão 1.946/2020, TC 018.841/2019-8, Ministro Relator Bruno Dantas. Data do julgamento: 29.07.2020.

inclusive considerando as diretrizes da política pública de transporte ferroviário traçadas pelo poder concedente. Como consequência, o relator afastou as recomendações da unidade instrutora, consignou que o órgão de controle não deveria substituir a atuação do gestor[188] e, por fim, votou pela aprovação da prorrogação antecipada.

A vantajosidade ou, em termos clássicos, a adequada motivação da prorrogação antecipada deve, portanto, ser comprovada pelo administrador por meio de exercício comparativo com as demais opções regulatórias. Em outras palavras, o poder concedente deve indicar a conveniência e a oportunidade da Administração Pública para realizar a prorrogação antecipada em detrimento da escolha por qualquer outra possível alternativa. Deve-se considerar, também, as consequências práticas dessa decisão em atenção ao princípio da prestação adequada das concessões de serviço público delineado na Lei nº 8.987/1995, sobretudo em relação à eficiência, segurança, atualidade e a modicidade tarifária.[189]

---

[188] "468. Em que pese outras medidas regulatórias possam, eventualmente, solucionar os problemas do contrato, não me parece apropriado ao TCU fazer essa escolha, substituindo o gestor. Lembro que as consequências desta decisão não recaem sobre este órgão de controle, mas sobre os formuladores e executores da política de transporte ferroviário. 469. Nesse contexto, penso que este Tribunal não está na posição mais adequada para aquilatar a importância relativa das demais questões envolvidas na prorrogação, como a compatibilização do contrato às boas práticas de regulação, a resolução de litígios relacionados aos bens reversíveis ou a antecipação de investimentos relacionados a conflitos urbanos. 470. Como os problemas decorrentes da execução, regulação e fiscalização deste contrato são questões enfrentadas rotineiramente pelo Poder Concedente, e não pelo TCU, deve-se reconhecer a expertise da Agência e do Ministério na valoração dessas questões quando examinaram a vantajosidade da prorrogação antecipada em face da realização de nova licitação. 471. A par dessas considerações, entendo não restar demonstrada a ausência de vantajosidade da prorrogação pretendida" (Tribunal de Contas da União, Acórdão 1.946/2020, TC 018.841/2019-8, Ministro Relator Bruno Dantas. Data do julgamento: 29.07.2020).

[189] Conforme o Ministro Gilmar Mendes destacou em seu voto-vogal na ADI 5.991/DF: "No caso específico da prorrogação antecipada, mesmo diante da autorização legislativa reputada como válida, o Poder Concedente terá sempre que examinar, em cada concessão in concreto, qual a conveniência e oportunidade da Administração Pública em realizar a prorrogação vis a vis a promoção de um novo procedimento licitatório. Esse exame se dá principalmente a partir da elaboração de Análises de Impacto Regulatório (AIR) pelos órgãos da Administração Pública, projetando os possíveis cenários alternativos para atração de investimentos, com base em critérios como modicidade tarifária, eficiência, modernização da infraestrutura e qualidade e universalidade da prestação do serviço" (Supremo Tribunal Federal, Plenário, Ação Direta de Inconstitucionalidade 5.991-DF, Ministra Relatora Carmen Lúcia. Data do julgamento: 07.12.2020).

4.6 Participação social

Um último requisito relacionado às prorrogações antecipadas está previsto na legislação federal aplicável às prorrogações dos contratos de concessão dos setores ferroviário e rodoviário: a disponibilização dos estudos técnicos prévios que fundamentam a vantagem da prorrogação em relação à realização de uma nova licitação e a condução de uma consulta pública.[190] Apesar de esta disposição legal ser específica às prorrogações dos setores mencionados, constituindo uma condição de validade da prorrogação antecipada, entende-se que ela deve ser aplicável a qualquer prorrogação antecipada.

Em primeiro lugar, há que se considerar que a participação social em processos de tomada de decisão da Administração Pública tem como fundamento o próprio Estado Democrático de Direito.[191] No direito administrativo moderno, a Administração Pública deixa de atuar pautada em decisões unilaterais e passa a considerar pontos de vistas e contribuições dos interessados. Essa atuação, além de democrática por incluir a sociedade no processo decisório, também coaduna com o princípio da eficiência.[192]

Há teorias no direito estrangeiro, como o anglo-saxão, no sentido de que a participação social nos processos decisórios da Administração Pública são garantias processuais dos administrados e de observância obrigatória quando a decisão possa impactar direitos individuais ou coletivos.[193]

---

[190] Artigo 10 da Lei nº 13.448/2017.

[191] "O Direito Administrativo contemporâneo tende ao abandono da vertente autoritária para valorizar a participação de seus destinatários finais quanto à formação da conduta administrativa. O Direito Administrativo de mão única caminha para modelos de colaboração, acolhidos em modernos textos constitucionais e legais, mediante a perspectiva de iniciativa popular ou de cooperação privada no desempenho das prestações administrativas" (Caio Tácito. Direito administrativo participativo. *Revista de Direito Administrativo*. Rio de Janeiro, v. 209, p. 1-6, jul./set., 1997. p. 2. Disponível em: https://bibliotecadigital.fgv.br/ojs/index.php/rda/article/view/47038/46022. Acesso em: 12 out. 2022). Nesse sentido, v. Diogo de Figueiredo Moreira Neto. Novas tendências da democracia: consenso e direito público na virada do século – o caso brasileiro. *Revista de Direito Processual Geral*, Rio de Janeiro, v. 57. p. 106-126, 2003. Disponível em: https://pge.rj.gov.br/comum/code/MostrarArquivo.php?C=ODc3OQ%2C%2C. Acesso em: 12 out. 2022.

[192] Sobre o tema, v. Rodrigo Pagani de Souza. Em busca de uma administração pública de resultados. In: Marcos Augusto Perez; Rodrigo Pagani de Souza. *Controle da administração pública*. Belo Horizonte: Fórum, 2017. p. 39-61.

[193] "Não à toa, há uma reconhecidamente majoritária tendência, nos direitos administrativos espanhol e português, à atribuição de um status constitucional ao princípio da participação administrativa, apto, inclusive, a carrear para a decisão, tomada sem a devida oportunidade para manifestação dos interessados, a pecha da inconstitucionalidade. De

O Tribunal de Contas da União já se pronunciou sobre o assunto no contexto das prorrogações antecipadas do setor portuário. A unidade técnica do órgão de controle recomendou a instauração de consulta e audiência pública como requisito da prorrogação antecipada, referenciando o Decreto nº 4.122/2002, que aprova o regulamento da ANTAQ.[194]

A relatora do processo, a Ministra Ana Arraes, votou em sentido contrário: reconheceu a importância da participação social, mas ponderou que o ato normativo adotado pela unidade técnica como fundamentação foi editado 12 anos antes da promulgação da Lei nº 12.815/2013. Como consequência, a Ministra reconheceu a inexistência de norma jurídica específica torna dispensável o instrumento de participação social no rito das prorrogações antecipadas.[195]

Com redação próxima ao dispositivo do Decreto nº 4.122/2022, a Lei nº 13.848/2019 foi promulgada determinando que as agências reguladoras devem instaurar consulta pública para receber críticas,

---

outra parte, no mundo anglo-saxão, a participação tem fundamento nas fórmulas do *right to a fair hearing* e do *right to a consultation*, importantes garantias processuais ancestralmente consagradas pelo sistema de *common law* e que foram adaptadas e aplicadas por agências e departamentos administrativos, tanto na Inglaterra como nos Estados Unidos" (Gustavo Binenbojm. *Uma teoria do direito administrativo*: direitos fundamentais, democracia e constitucionalização. 3. ed. rev. e atual. Rio de Janeiro: Renovar, 2014. p. 77-78).

[194] Artigo 30 do Decreto nº 4.122/2002: "As iniciativas de projetos de lei, alterações de normas administrativas e decisões da Diretoria para resolução de pendências que afetem os direitos de agentes econômicos ou de usuários de serviços de transporte serão precedidas de audiência pública com os objetivos de: I - recolher subsídios para o processo decisório da ANTAQ; II - propiciar aos agentes e usuários dos serviços de transporte aquaviário a possibilidade de encaminhamento de seus pleitos e sugestões; III - identificar, da forma mais ampla possível, todos os aspectos relevantes à matéria objeto da audiência pública; e IV - dar publicidade à ação regulatória da ANTAQ".

[195] "A SeinfraHidroferrovias fundamentou-se no art. 30 do Decreto nº 4.122/2002, que aprovou o regulamento da Antaq, para concluir pela obrigatoriedade de consulta pública prévia à prorrogação antecipada das concessões. O referido dispositivo aduz, em suas disposições gerais, que 'As iniciativas de projetos de lei, alterações de normas administrativas e decisões da Diretoria para resolução de pendências que afetem os direitos de agentes econômicos ou de usuários de serviços de transporte serão precedidas de audiência pública...'. Embora concorde integralmente com os argumentos acerca da importância da participação social, sobretudo em face da relevância e do impacto de cada uma das prorrogações antecipadas de concessões portuárias, devo ponderar que inexiste determinação legal específica para realização de tal procedimento no rito de aprovação do instituto em exame. [...] O Decreto nº 4.122/2002, fundamento utilizado pela unidade técnica, teve por objetivo precípuo regulamentar a Lei nº10.233/2001, que criou a Antaq. O referido normativo, além de se tratar de norma infralegal, foi editado doze anos antes da Lei nº12.815/2013, razão por que considero que suas disposições gerais são elemento distante para constituir exigência específica no rito das prorrogações antecipadas." (Tribunal de Contas da União, Plenário, Acórdão 2.200/2015, TC 024.882.2014-3, Ministra Relatora Ana Arraes. Data de julgamento: 02.09.2015).

sugestões e contribuições, de forma prévia à decisão do conselho diretor ou da diretoria colegiada, a respeito de minutas e propostas de alterações de atos normativos de interesse geral dos agentes econômicos, consumidores ou usuários dos serviços prestados.[196] Ademais, as agências, por decisão colegiada, poderão convocar audiência pública para formação de juízo e tomada de decisão sobre "matéria considerada relevante".[197]

A divulgação dos estudos técnicos e a instauração de audiência e consulta pública para debater a prorrogação antecipada contribuirá com o processo decisório do poder concedente e, quando for o caso, da agência reguladora. Esse processo participativo incluirá administrados e representantes de diferentes setores da economia e da sociedade, expandindo o potencial de análise da Administração Pública quanto aos benefícios e prejuízos envolvidos na prorrogação antecipada.[198]

Para além disso, a participação social tem como objetivo reduzir as assimetrias de informações da Administração Pública. Apesar de os órgãos e entidades responsáveis pela estruturação dos projetos de concessão de serviços públicos terem, em certo nível, profissionais dedicados ao tema e aos respectivos setores objeto da concessão, a participação social permite que contribuições de diferentes perspectivas sejam apresentadas. Poderão ser apresentadas, por exemplo, contribuições de comunidades impactadas pela concessão (povos originários, residentes em locais próximos do empreendimento etc.), de associações socioambientais, de consultores econômico-financeiros e jurídicos etc.

E quanto mais ampla for a participação social, menor será o risco de captura da Administração Pública.[199] Afinal, a renegociação do

---

[196] Artigo 9º da Lei nº 13.848/2019.

[197] Artigo 10 da Lei nº 13.848/2019.

[198] "Isso porque a participação dos privados no procedimento, ao permitir a ponderação pelas autoridades administrativas dos interesses de que são portadores, não só se traduz numa melhoria de qualidade das decisões administrativas, possibilitando à Administração uma mais correcta configuração dos problemas e das diferentes perspectivas possíveis da sua resolução, como também torna as decisões administrativas mais facilmente aceites pelos seus destinatários. Pelo que a participação no procedimento constitui um importante fator de legitimação e de democraticidade de actuação da Administração Pública" (Vasco Manuel Pascoal Dias Pereira da Silva. *Em busca do acto administrativo perdido*. Coimbra: Almedina, 1996. p. 402).

[199] A influência na decisão administrativa é denominada pela doutrina especializada como "teoria da captura" da Administração Pública pelo setor privado. Utilizada nos estudos sobre agências reguladoras, a teoria da captura aponta o caso em que a agência reguladora tem a sua finalidade desviada para atender interesses específicos do setor privado. Neste sentido: "[...] perde sua condição de autoridade comprometida com a realização do interesse coletivo e passa a produzir atos destinados a legitimar a realização dos interesses

contrato de concessão envolvendo somente as partes (concessionária e Administração Pública) poderá, por vezes, trazer riscos à finalidade da prorrogação antecipada e ao interesse público caso sejam levadas em consideração somente propostas do principal impactado na prorrogação antecipada, isto é, a concessionária. Em função disso, deve-se admitir a participação social para apresentar críticas, sugestões e propostas aos estudos técnicos da prorrogação antecipada, sejam favoráveis ou não à extensão da vigência contratual.

Nesse sentido, a Exposição de Motivos Interministerial 306/2016/MP/MTPA da MP 752/2016, convertida na Lei nº 13.448/2017, justifica a inclusão do dever de o órgão ou a entidade responsável pela prorrogação antecipada submeter os estudos técnicos a consulta pública. Em linha com o que se expôs neste capítulo, esta obrigação teria por objetivo "incrementar a governança e a transparência do procedimento de prorrogação das concessões, garantindo-se a preservação do interesse público por meio de análise criteriosa das alternativas adotadas para cada caso".[200]

Dessa forma, entende-se que a prorrogação antecipada de contrato de concessão deve ser precedida de consulta pública, viabilizando a participação de indivíduos ou grupos que exponham as suas contribuições e auxiliem a Administração Pública a decidir com maior possibilidade de atender ao interesse público. Ainda que não haja previsão legal expressa impondo o processo de participação social, é salutar que o órgão ou entidade pública submeta os estudos técnicos para escrutínio público. Afinal, caso não o faça, a prorrogação antecipada poderá ser questionada administrativa e judicialmente, e estar sujeita a nulidade quando, por exemplo, afetar direitos fundamentais.[201]

---

egoísticos de um, alguns ou de todos os segmentos regulados" (Marçal Justen Filho. *O direito das agências reguladoras independentes*. São Paulo: Dialética, 2002. p. 369-370) e "[o]s órgãos reguladores acabam sendo capturados pelos regulados e, assim, a regulação acaba não por buscar o 'interesse público', mas os interesses dos regulados. Daí o sexto conceito: regulação seria toda a intervenção estatal na economia destinada a proteger os interesses dos agentes econômicos sujeitos a essa intervenção. A teoria sofreu correções: admitiu-se a possibilidade de captura por outros grupos que não as empresas reguladas e passou-se a defender que a regulação visa a 'defesa de interesses privados de grupos politicamente influentes'" (Ricardo Marcondes Martins. *Regulação administrativa à luz da constituição federal*. São Paulo: Malheiros, 2011. p. 98-99).

[200] Item 10 da Exposição de Motivos Interministerial 306/2016/MP/MTPA.

[201] "Nos casos em que há obrigatoriedade de realização de consulta pública, a participação torna-se condição de validade do ato, podendo fundamentar pedido de revisão judicial do mesmo. Por isso, é importante que essa obrigação esteja contida na lei. No entanto, ainda que não haja previsão legal expressa, a ausência de prévia consulta pública pode dar ensejo à nulidade do ato, a depender da relevância da matéria versada. É o que ocorre,

4.7 Síntese

Os requisitos que autorizam as prorrogações antecipadas estão dissipados nos atos normativos infraconstitucionais aplicáveis aos serviços públicos específicos. Eles variam do lapso temporal em que as concessionárias deverão apresentar os seus pedidos para ampliar o prazo de vigência das concessões com a produção imediata dos seus efeitos, como no caso dos setores rodoviário e ferroviário, até o rito que deverá ser observado pelo poder concedente para analisar o pleito.

A despeito dessas particularidades, destacou-se cinco grandes requisitos que se aplicam a todas as prorrogações antecipadas de contratos de serviços públicos. Três deles guardam relação com critérios objetivos, cuja aferição não comportará discussões pela concessionária ou pelo poder concedente. Trata-se dos requisitos de (i) origem da outorga via processo licitatório; (ii) previsão da prorrogação no instrumento convocatório ou no contrato de concessão, sendo ilícita interpretação de que o contrato poderá ser aditado para incluir dispositivo que lhe possibilite ser prorrogado; e (iii) vigência do contrato quando da apresentação do pedido de prorrogação antecipada.

O quarto requisito, no entanto, não é objetivo e demanda análise de conveniência e oportunidade pelo poder concedente. É o requisito que impõe o dever de o poder concedente promover a avaliação da compatibilidade da prorrogação antecipada com o interesse público, sopesando-se as vantagens e desvantagens da medida, inclusive em relação a outras opções regulatórias.

Assim, o poder concedente deve avaliar, de acordo com o caso concreto, se será melhor antecipar os efeitos de uma prorrogação ordinária em comparação com outras situações, como a extinção antecipada da outorga e assunção da prestação direta do serviço público, a extinção antecipada da outorga e a condução de novo processo de licitação, a manutenção das condições originais do contrato de concessão sem prorrogá-lo e, ao final do prazo, decidir pela extinção da avença ou pela prorrogação em sua modalidade ordinária.

A decisão do poder concedente também levará em consideração a inclusão de contrapartida(s) que não era(m) prevista(s) no contrato de concessão original.

---

v.g., quando a decisão da agência afeta direitos fundamentais" (Gustavo Binenbojm. *Uma teoria do direito administrativo*: direitos fundamentais, democracia e constitucionalização, p. 312-313).

O quinto e último requisito é extraído do ordenamento jurídico brasileiro e impõe o dever de a Administração Pública garantir a participação social nos processos de prorrogação antecipada. Isso deverá ocorrer com a divulgação dos estudos que fundamentam a ampliação do prazo de vigência e com a instauração de audiência e consulta pública para receber contribuições, críticas e sugestões dos interessados.

CAPÍTULO 5

CONTRAPARTIDAS PELA PRORROGAÇÃO ANTECIPADA

5.1 Considerações iniciais

A antecipação dos efeitos da ampliação do prazo de vigência das concessões de serviço público tem, como elemento fundamental, a aceitação de contrapartidas pela concessionária. Como definido no Capítulo 3, as prorrogações antecipadas são alterações bilaterais da cláusula de vigência contratual a título oneroso para a concessionária, ou seja, a extensão do prazo não pode ocorrer sem alterações ou impactos na relação jurídica pré-existente.

A manutenção de todas as condições do contrato de concessão original poderia afetar a equação econômico-financeira da concessão, em benefício da concessionária. Assim, considerando que a concessionária disporá de maior tempo para ser remunerada pela exploração do serviço público, será necessário incluir novas obrigações a cargo da concessionária para manter a equação econômico-financeira equilibrada. Isso poderá ocorrer de variadas formas, como será explorado nos capítulos a seguir, e de acordo com as particularidades do caso concreto.

A legislação que dispõe sobre as prorrogações antecipadas, mencionada nos capítulos anteriores, estabelece contrapartidas de observância obrigatória pela concessionária, como, por exemplo, a inclusão de novos investimentos em contratos de arrendamento de terminais portuários. A existência de contrapartidas, contudo, não limita o poder concedente a exigir a inclusão de outras obrigações para autorizar a antecipação dos efeitos de uma prorrogação contratual.

Assim, o rol de contrapartidas listado a seguir é exemplificativo e extraído da casuística, de modo que o poder concedente poderá, em seu juízo discricionário, avaliar outras possíveis contrapartidas possíveis à prorrogação antecipada de acordo com as necessidades econômicas e sociais identificadas à época da análise da prorrogação.

Além de exemplificativo, o rol de contrapartidas não é excludente: a partir da análise econômico-financeira e técnica consubstanciada nos estudos técnicos prévios à prorrogação antecipada, o poder concedente poderá indicar mais de uma contrapartida à concessionária. Em alguns setores, como detalharemos a seguir, a própria legislação prevê que a prorrogação antecipada estará condicionada a mais de uma contrapartida.

A antecipação dos efeitos da prorrogação ordinária tem como consequência a alteração do contrato de concessão original com uma dupla função: manter o equilíbrio da equação econômico-financeira da outorga e adequar as obrigações contratuais às novas necessidades econômicas e sociais.[202] A alteração bilateral dos direitos e das obrigações originalmente estabelecidos está em linha com o que se afirma a respeito da *mutabilidade* dos contratos de concessão.[203]

Ao passo que esses instrumentos contratuais têm, via de regra, natureza incompleta[204] e relacional,[205] as partes da relação jurídica poderão adaptá-la para fazer frente às novas realidades e imposições técnicas, econômico-financeiras, fáticas etc.

Assim, diante da incompletude desses contratos e dos longos prazos de vigência, é natural que surjam eventos que não poderiam ser

---

[202] "A imutabilidade do objeto da concessão não impede alterações no contrato para adequar-se às necessidades econômicas e sociais decorrentes das condições do serviço público concedido e do longo prazo contratual estabelecido, observados o equilíbrio econômico-financeiro do contrato e os princípios constitucionais pertinentes" (Supremo Tribunal Federal, Plenário, ADI 5.991, Ministra Relatora Cármen Lúcia, data de julgamento: 10.03.2021).

[203] Sobre a mutabilidade dos contratos de concessão: Flávio Amaral Garcia. *A mutabilidade nos contratos de concessão*.

[204] "Reconhece-se hodiernamente que os contratos concessionais são incompletos e, consequentemente, devem ser dúcteis e flexíveis, para se adaptarem às inexoráveis modificações que passam a ser inerentes à sua própria essência" (Flávio Amaral Garcia. *Concessões, parceria e regulação*. São Paulo: Malheiros, 2019. p. 162).

[205] "Trata-se da complexidade dos problemas a enfrentar e a rápida obsolescência das soluções tecnológicas consagradas. [...] Outorgam-se concessões tendo por objeto setores extremamente complexos, em que há perspectivas de modificações e evoluções constantes e insuscetíveis de antecipação. É muito frequente a impossibilidade de definir, de modo exaustivo, a extensão dos deveres de concessionário e a forma de execução de tarefas abrangidas na concessão. [...] Na impossibilidade de antecipação prévia e completa de todos os encargos e do modo de sua execução, esses pontos deverão ser objeto de negociação e ajuste no curso da própria concessão." (Marçal Justen Filho. *Teoria Geral das Concessões de Serviço Público*, p. 76). No mesmo sentido, v. Egon Bockmann Moreira. *Direito das concessões de serviço público*: (concessões, parcerias, permissões e autorizações), p. 382-384.

cogitados à época da delegação do serviço público e que demandem alguma solução. A alteração bilateral, assim, surge como uma possível resposta a tais demandas, de tal modo que a concessionária possa adaptar as suas obrigações às novas realidades.[206]

Antes de passar à análise das contrapartidas, vale fazer uma ressalva: os contratos de concessão não estão sujeitos aos limites previstos para a modificação unilateral dos contratos administrativos da Lei nº 8.666/1993 e da Lei nº 14.133/2021.[207]

Primeiro, porque os limites legais de acréscimo ou supressão de até 25% do valor inicial atualizado do contrato aplicam-se a contratos de obras, serviços ou compras e de até 50% nos casos de reformas de edifício ou de equipamento. Esses dispositivos incidem em contratos de empreitada, de fornecimento de bens e de prestação de serviços, mas com racionalidade distinta dos contratos de concessão de serviços públicos. Nesses contratos, há o desembolso de recursos públicos para o pagamento dos contratados, enquanto, via de regra, as concessões pressupõem a remuneração por arrecadação tarifária e receitas acessórias.

É razoável, portanto, que a legislação fixe uma limitação ao acréscimo no valor dos contratos administrativos quando há dispêndio de recursos públicos. No caso das concessões, o valor inicial do contrato é estimado e não serviria de base de cálculo para aplicar os limites definidos na Lei nº 8.666/1993 e na Lei nº 14.133/2021.[208]

Segundo, os contratos de concessão estão sujeitos à mutabilidade de forma mais acentuada do que os contratos administrativos regidos por essas leis, sobretudo em função da sua longa duração. Como mencionado, a incompletude dos contratos de concessão impõe que as partes promovam as alterações necessárias nas obrigações contratuais

---

[206] "Assumido o contrato de concessão como essencialmente mutável e incompleto, a alteração bilateral formalizada por via de acordo consensual de vontades é o instrumento que viabilizará aos contratantes exercitarem a sua autonomia contratual com vistas à adaptação evolutiva das condições originais da contratação às novas situações impostas pela realidade. A alteração bilateral é a forma jurídica que materializa o preenchimento negociado e consensual das lacunas e incompletudes dos contratos de concessão" (Flávio Amaral Garcia. *A mutabilidade nos contratos de concessão*, p. 198).

[207] Artigos 65 da Lei nº 8.666/1993 e 125 da Lei nº 14.133/2021.

[208] "Ademais, nas concessões comuns não se tem como definir com exatidão e precisão o que seria o valor inicial do contrato, fixando uma base de cálculo sobre a qual incidirá o limite fixado pela Lei nº8.666/1993 e pela Lei nº14.133/21. A legislação brasileira não se ocupou em definir critérios ou parâmetros para definir o que seria o valor inicial do contrato. Portanto, o próprio cálculo dos 25% seria de difícil operacionalização, diante das características dos contratos de concessão comum" (Flávio Amaral Garcia. *A mutabilidade nos contratos de concessão*. p. 308).

para manter o serviço adequado e adequar os instrumentos às novas realidades. Limitar as alterações a um determinado percentual do valor estimado original do contrato poderia inviabilizar as adequações necessárias e, em casos extremos, a própria concessão.

Terceiro, a Lei nº 8.987/1995 estabelece que o poder concedente deverá reestabelecer o equilíbrio da equação econômico-financeiro da concessão caso alguma alteração unilateral a afete.[209] O legislador poderia ter feito remissão à Lei nº 8.666/1993 ou incluído algum percentual para limitar as alterações unilaterais, mas não o fez. Os demais atos normativos relativos às concessões, como a Lei nº 11.079/2004 e a Lei nº 12.815/2013, tampouco indicam limites às alterações unilaterais.

Para dirimir as discussões sobre a incidência ou não dos limites nas alterações das concessões de serviços públicos, a Lei nº 13.448/2017 estabeleceu que as alterações dos contratos decorrentes da modernização, da adequação, do aprimoramento ou da ampliação dos serviços não estão condicionadas aos limites fixados na Lei nº 8.666/1993.[210]

Isso não significa que as alterações bilaterais e a inclusão de contrapartidas poderão ser realizadas sem qualquer tipo de limitação. Em outras palavras: não se permite a "degeneração contratual".[211] Como veremos nos capítulos a seguir, há barreiras que reduzem a possibilidade de as partes alterarem as obrigações originalmente estabelecidas, como, por exemplo, quando tais alterações desnaturarem o objeto original da concessão.

---

[209] Artigo 9º, §4º, da Lei nº 8.987/1995.

[210] Artigo 22 da Lei nº13.448/2017. Evidentemente, este dispositivo não referenciou o artigo 125 da Lei nº14.133/2021 por ter sido promulgado posteriormente, mas a sua incidência se estende ao novo diploma que rege as contratações públicas.

[211] "Claro que não se está a defender a outorga de juridicidade irrestrita a quaisquer modificações contratuais e a equívocos técnicos porventura presentes no edital ou na proposta. Nem, tampouco, a validade de alterações supérfluas no cronograma, a supressão de prestações principais ou a inserção de atividades inéditas e desnecessárias ao objeto e conteúdo do contrato. Muito menos se trata da advocacia de flexibilidade contratual irresponsável, como se contrato não houvesse. Nada disso. O que se defende é a mutabilidade contratual, e não a degeneração contratual, pois às partes não é dado ignorar todo o arcabouço normativo dos contratos administrativos. A mutabilidade exige a juridicidade da mudança. Não se trata de escolhas discricionárias, ao livre talante das partes, mas de adaptações às circunstâncias, a fim de preservar o projeto concessionário e atender às necessidades públicas" (Egon Bockmann Moreira. *Direito das concessões de serviço público*: (concessões, parcerias, permissões e autorizações), p. 41).

5.2 Inclusão de investimentos não previstos no contrato de concessão original

A inclusão de investimentos não previstos originalmente nos contratos de concessão de serviço público representa, em grande medida, a principal contrapartida à prorrogação antecipada. Ao passo que o prazo de vigência das concessões é definido a partir da análise do período necessário para que a concessionária possa realizar os investimentos originalmente previstos e amortizá-los com a cobrança de receitas tarifárias e acessórias, a ampliação do prazo de vigência pressupõe um maior período para que a concessionária obtenha receitas.

Com isso, a inclusão de novos investimentos no contrato de concessão tem por função imediata estimular a prestação de serviço adequado aos usuários, sobretudo em contratos cujos investimentos obrigatórios já foram realizados e, consequentemente, não haveria mais interesse ou estímulo da concessionária em aportar recursos em bens da concessão. Nesse cenário, ainda que a concessionária cumpra as obrigações contratuais, a prestação do serviço público poderia tornar-se deficitária.

A prorrogação antecipada caracteriza-se, portanto, como consequência da necessidade de incluir investimentos de curto e médio prazo na concessão, não previstos no instrumento original.[212] Deverão ser ponderadas pelas partes, mas sobretudo pelo poder concedente, as razões adequadas e pertinentes, inclusive de ordem técnica e econômico-financeira, que indiquem a existência de uma necessidade a ser cumprida pela concessionária mediante a inclusão de novas obrigações de investimentos. Essa ponderação deverá levar em consideração as alternativas regulatórias existentes, como a contratação de outra empresa para executar tais investimentos, a extinção antecipada da concessão vigente etc.[213]

---

[212] "16. O objetivo central do dispositivo legal é possibilitar a realização de investimentos privados imediatos nos arrendamentos, oferecendo como contrapartida ao particular a prorrogação antecipada do vínculo contratual, pelo tempo necessário à amortização desses novos aportes. [...] 153. É de fácil percepção que o processo de prorrogação antecipada equivale a uma negociação de interesse mútuo. Do lado do arrendatário, o benefício é bem evidente: garantir prazo significativamente maior para a exploração do serviço portuário sem se submeter à concorrência com outras empresas via nova licitação. Em relação ao Poder Público, a contrapartida que lhe é desejável está centrada na alavancagem de investimentos" (Tribunal de Contas da União, Plenário, Acórdão 2.200/2015, TC 024.882.2014-3, Ministra Relatora Ana Arraes. Data de julgamento: 02.09.2015).

[213] "Cria-se a necessidade de reforço do ônus argumentativo para demonstrar que seria ineficiente que essas alterações [acrescimento de obras ou serviços], ainda que não

Parte da legislação relativa às prorrogações antecipadas trata a inclusão de investimentos não previstos no contrato de concessão original como uma contrapartida obrigatória.[214-215] Nesses casos, não haveria espaço para substituir a inclusão de investimentos por outras contrapartidas. Poderia, contudo, haver a cumulação entre a inclusão de investimentos, na medida em que for necessário para o caso concreto, com outras contrapartidas.

Ao avaliar os procedimentos adotados em relação à prorrogação antecipada de contratos de arrendamento portuário, a Ministra Ana Arraes do Tribunal de Constas da União destacou a importância da correta e precisa delimitação dos investimentos a serem incluídos no contrato. Além da indicação de que os investimentos são compatíveis com as políticas públicas do setor portuário, a Ministra realçou que o plano de investimentos e o EVTEA da prorrogação são os principais documentos para garantir a eficiência do modelo da prorrogação antecipada.[216]

---

previstas originalmente no instrumento convocatório, fossem executados por outro concessionário, seja em razão de aspectos técnicos, que impedem a sua delimitação, como um objeto dotado de autonomia, seja em razão dos aspectos econômicos, porquanto eventual delegação a outro concessionária produziria um efeito contrário à boa gestão dos recursos públicos" (Flávio Amaral Garcia. *A mutabilidade nos contratos de concessão*, p. 287).

[214] Artigo 6º da Lei nº13.448/2017: "A prorrogação antecipada ocorrerá por meio da inclusão de investimentos não previstos no instrumento contratual vigente, observado o disposto no art. 3º desta Lei".

[215] Artigo 57, §1º, da Lei nº12.815/2013: "A prorrogação antecipada de que trata o caput dependerá da aceitação expressa de obrigação de realizar investimentos, segundo plano elaborado pelo arrendatário e aprovado pelo poder concedente em até 60 (sessenta) dias".

[216] "34. Os estudos devem estar acompanhados de fluxos de caixa, da descrição da estrutura operacional, de desenhos esquemáticos, de projeções de demandas, de investimentos e de custos, além de estimativas de preços e tarifas. Devem conter evidências de que o plano de investimentos proposto pela arrendatária é factível e está alinhado às políticas e às diretrizes do setor, materializadas nos instrumentos de planejamento nacional, como o Plano Nacional de Logística Portuária – PNLP, o Plano Mestre, o Plano de Desenvolvimento e Zoneamento – PDZ e o Plano Geral de Outorgas – PGO. 35. Na avaliação de mérito desses estudos, os agentes públicos devem examinar qualitativamente a proposta da arrendatária, ultrapassando a mera viabilidade para aferir se os investimentos previstos seguem as diretrizes de: i) expansão, modernização e otimização da infraestrutura e da superestrutura das instalações portuárias; ii) garantia da modicidade e da publicidade das tarifas e preços praticados no setor, da qualidade da atividade prestada e da efetividade dos direitos dos usuários; iii) estímulo à modernização e ao aprimoramento da gestão dos portos organizados e instalações portuárias, à valorização e à qualificação da mão de obra portuária e à eficiência das atividades prestadas; e iv) promoção da segurança da navegação na entrada e na saída das embarcações dos portos; todas estas, finalidades expressamente definidas na Lei nº12.815/2013. 36. O exame crítico dos EVTEA é, portanto, fundamental, eis que a eficiência do modelo proposto, por estar diretamente associada aos objetivos do novo marco do setor portuário, é o ponto central da aferição do interesse

Os estudos apresentados pela arrendatária devem conter não apenas a indicação dos investimentos, mas também a análise econômico-financeira (fluxos de caixa, projeção de investimentos e custos, estimativas de preços e tarifas) e técnica (descrição da estrutura operacional, desenhos esquemáticos, projeções de demanda etc.).

Isso porque, em seu entendimento, a contrapartida à prorrogação antecipada somente será válida quando a inclusão de investimentos no instrumento contratual efetivamente se refletir em melhorias na prestação do serviço público, seja com a modernização do serviço, seja com a ampliação da oferta, seja com a modicidade tarifária. Em outros termos, a inclusão de investimentos não pode representar a mera antecipação de despesas que já seriam incorridas pela concessionária em decorrência da ampliação do prazo de vigência do contrato. Tais investimentos devem, sempre, conduzir à melhora da prestação do serviço público aos usuários para justificar a prorrogação antecipada.[217]

Quanto aos investimentos propriamente ditos, convém tratar sobre a prorrogação antecipada da concessão da Estrada de Ferro Vitória-Minas. Nesse caso, estimou-se investimentos aproximados de R$ 2,7 bilhões para a implantação de trecho da Ferrovia de Integração Centro-Oeste (FICO) e de R$ 370 milhões para a resolução de conflitos urbanos. Previu-se, também, um mecanismo de inclusão de investimentos adicionais, segundo o qual o poder concedente poderia determinar unilateralmente a realização de investimentos na concessão, sendo vedada a oposição pela concessionária, mas lhe sendo garantido o reequilíbrio econômico-financeiro contratual.

De um lado, a unidade técnica do Tribunal de Contas da União destacou que a modelagem da prorrogação antecipada apresentaria saldo de R$ 1,5 bilhão a serem pagos pela concessionária em parcelas trimestrais a título de outorga. E, caso o poder concedente determinasse a realização de investimentos adicionais, o valor da outorga estaria sendo direcionado para reequilibrar a equação econômico-financeira.

---

público na proposta de prorrogação antecipada" (Tribunal de Contas da União, Plenário, Acórdão 2.200/2015, TC 024.882.2014-3, Ministra Relatora Ana Arraes. Data de julgamento: 02.09.2015).

[217] "42. Especialmente quando se considera que o respectivo projeto executivo apenas é apresentado em até 12 meses depois da assinatura do termo aditivo, verifica-se que o EVTEA é o documento que efetivamente subsidia a avaliação da prorrogação e, por isso, não podem ser dispensadas as verificações da coerência do modelo proposto, da eficiência do desenho operacional e da validade das informações relacionadas" (Tribunal de Contas da União, Plenário, Acórdão 2.200/2015, TC 024.882.2014-3, Ministra Relatora Ana Arraes. Data de julgamento: 02.09.2015).

Com isso, a unidade técnica rechaçou a possibilidade de antecipar os efeitos da prorrogação sem incluir investimentos novos e determinados no contrato de concessão.[218]

Por outro, o poder concedente, a ANTT e a concessionária alegaram que os novos investimentos seriam indicados de acordo com as suas necessidades e posteriormente à prorrogação antecipada. Além disso, manifestaram-se favoravelmente ao mecanismo de inclusão de investimentos adicionais ao longo da execução contratual em razão da necessária constatação de déficits da prestação do serviço para, então, determinar a execução de obras de melhorias.[219]

O Ministro Bruno Dantas ponderou que a inclusão do mecanismo de investimentos adicionais (investimentos indeterminados) não se confundiria com a destinação de recursos para as intervenções em conflitos urbanos (investimentos determinados e imediatos). Essa última constituiria a inclusão de novos investimentos na concessão para solucionar problemas que não eram, pelo instrumento original, atribuídos à concessionária. Já o mecanismo de investimentos adicionais

---

[218] "394. A unidade instrutora concluiu que tal prática ofenderia o art. 7º da Lei nº13.448/2017, que preconiza que o aditivo de prorrogação deverá conter o cronograma de investimentos obrigatórios previstos, bem como o art. 104, inciso II, do Código Civil, que estipula que a validade do negócio jurídico requer objeto lícito, possível, determinado ou determinável" (Tribunal de Contas da União, Plenário, Acórdão 1.947/2020, TC 018.842/2019-4, Ministro Relator Bruno Dantas. Data do julgamento: 29.07.2020).

[219] "397. Em sua manifestação, a ANTT e o MInfra reiteraram a intenção do Poder Concedente de realizar investimentos em expansão da ferrovia no futuro, por meio do mecanismo de inclusão de investimentos adicionais. O Ramal de Anchieta teria sido apenas um exemplo de utilização do mecanismo. 398. Segundo o MInfra, quando essa diretriz foi encaminhada à ANTT, desconhecia-se o resultado financeiro da modelagem da prorrogação antecipada. Também não existiria projeto de engenharia preciso o suficiente para que fosse estimado o custo desse ramal. 399. Para o Ministério, esse mecanismo possibilitaria, sem interromper a tramitação do processo de prorrogação, a inclusão de investimentos em expansão da malha assim que todos os elementos técnicos estiverem definidos, mediante o reequilíbrio econômico-financeiro do contrato. [...] 407. Por sua vez, a [concessionária] repisou alguns dos argumentos trazidos pela ANTT, no sentido de que o aludido mecanismo tem por objetivo modernizar o contrato vigente, além do que consta de outros instrumentos contratuais (minuta de termo aditivo da Fiol e contrato da FNS Tramo Central). 408. A concessionária ponderou que inclusão desses investimentos seria uma decisão futura. Acrescentou que a vedação ao uso do mecanismo seria ilegal, pois impediria que a concessionária tenha acesso a uma ferramenta legalmente prevista para recompor o equilíbrio contratual diante de uma alteração unilateral do ajuste. 409. Ao final, a [concessionária] pontuou que a decisão entre modernizar o contrato de EFVM, incluindo esse mecanismo, ou adiar o início da possível realização de investimento para um momento posterior à licitação, em 2027, consistiria na escolha entre acelerar ou postergar investimentos fundamentais para aprimorar a capacidade logística do país" (Tribunal de Contas da União, Plenário, Acórdão 1.947/2020, TC 018.842/2019-4, Ministro Relator Bruno Dantas. Data do julgamento: 29.07.2020).

refletiria a melhor solução, ao passo que a definição imediata dos novos investimentos poderia tornar-se obsoleta ou desnecessária ao longo dos anos.[220]

Esse caso apresenta duas possíveis alternativas à contrapartida de inclusão de novos investimentos: a definição de investimentos determinados e imediatos, como é o caso das intervenções em conflitos urbanos, e indeterminados, em linha com o mecanismo de inclusão de investimentos adicionais. Quanto a isso, a Lei nº 13.448/2017 destaca que o estudo técnico prévio que fundamente a vantagem da prorrogação deve conter o programa dos novos investimentos.[221] De igual modo, o termo aditivo ao contrato de concessão deverá prever o respectivo cronograma dos novos investimentos obrigatórios decorrentes da prorrogação antecipada.[222]

A interpretação literal desses dispositivos pode levar à conclusão de que os investimentos a serem incluídos no contrato de concessão devem ser determinados antes da formalização da prorrogação antecipada. Em outros termos, não se poderia admitir a criação do mecanismo de inclusão de investimentos adicionais, tal como ocorreu a prorrogação antecipada da Estrada de Ferro Vitória-Minas, por violação aos dispositivos da legislação aplicável.

Outra possível interpretação – e que parece mais alinhada com a finalidade das prorrogações antecipadas – é: os investimentos reputados como urgentes e imediatos (logo, de curto prazo), já sujeitos a identificação pelo poder concedente e pela agência reguladora, devem

---

[220] "427. Em segundo lugar, entendo que o mecanismo de inclusão de investimentos adicionais difere da situação da verba destinada a intervenções para mitigação de conflitos urbanos, em que a concessionária tinha a prerrogativa de gerir a verba e pouco incentivo para resolver questões pendentes e complexas relacionas a esses conflitos. Transcorrido dez anos da celebração do aditivo, essa verba poderia ser convertida em outorga. 428. Quanto ao dispositivo em exame, trata-se de mecanismo que possibilita ao Poder Público determinar, unilateralmente, a realização de investimentos que verifique necessários ao longo da execução contratual. Inclusive, além das concessões mencionadas pela ANTT e pela Vale S.A. (FNS Tramo Central e FIOL), esse mecanismo também foi incluído no contrato da Malha Paulista e há previsão de inclusão no contrato da Estrada de Ferro Carajás. 429. Para além da questão da uniformidade regulatória, creio que os contratos de longo prazo efetivamente precisam ter alguma margem para a inclusão de investimentos no curso da execução. Esse tema é constantemente objeto de discussões, dada a incompletude desses contratos. 430. Nesse sentido, considero melhor a previsão contratual do que o silêncio regulatório, visto que, nesse assunto, frequentemente a realidade se impõe ao planejamento estatal" (Tribunal de Contas da União, Plenário, Acórdão 1.947/2020, TC 018.842/2019-4, Ministro Relator Bruno Dantas. Data do julgamento: 29.07.2020).

[221] Artigo 8º, §1º, I, da Lei nº 13.448/2017.

[222] Artigo 7º da Lei nº 13.448/2017.

estar previstos no estudo técnico e no termo aditivo ao contrato de concessão. Isso poderia ser adotado como justificativa para a antecipação dos efeitos da prorrogação contratual, ou seja, a execução imediata de investimentos certos respaldaria a prorrogação antecipada.

Nada obsta, contudo, que o saldo da prorrogação antecipada – calculada por critérios econômico-financeiros a partir do prazo ampliado e da estimativa de receitas auferíveis pela concessionária – seja convertido em pagamento de outorga ao poder concedente (essa contrapartida específica será analisada no próximo capítulo), reduzindo-se desse saldo remanescente os investimentos porventura exigidos pelo poder concedente ao longo da vigência contratual.

Afinal, a legislação aplicável aos setores ferroviário e rodoviário exige a antecipação e determinação de investimentos que não eram de execução obrigatória pela concessionária. Ao passo que parte desses investimentos sejam expressamente previstos no instrumento contratual, o requisito legal terá sido cumprido, havendo, ainda, margem discricionária do poder concedente para posteriormente converter parte da obrigação de dar (pagamento de outorga) em obrigação de fazer (acionando o mecanismo de investimentos adicionais).

O poder concedente pode exigir a realização de tais investimentos adicionais enquanto inserido em sua prerrogativa de alterar unilateralmente as cláusulas regulamentares dos contratos de concessão. Nessa hipótese, contudo, surgiria o dever de reequilibrar a equação econômico-financeira ou de indenizar a concessionária ao final da relação jurídica pelos investimentos realizados e não amortizados. Havendo o saldo da prorrogação antecipada, traduzido em dever de a concessionária pagar a outorga, o poder concedente poderá reduzir o valor devido como mecanismo de reequilíbrio.

Além disso, poderia se alegado que os investimentos a serem incluídos na concessão deveriam ter estreita relação com o objeto originalmente contratado. Isto é: não se deveria admitir que a inclusão de novos investimentos no contrato de concessão – a pretexto de contrapartida da prorrogação antecipada – tivesse o condão de alterar o objeto originalmente licitado.[223]

---

[223] "Igualmente imutável é o próprio objeto material da concessão, isto é, o tipo de serviço concedido, no que se inclui a modalidade técnica genérica segundo a qual será prestado. Assim, o concessionário de serviço de iluminação pública a gás não pode ser compelido a modificar-lhe o sistema de prestação para iluminação por energia elétrica. A concessão de geração de energia elétrica não impõe para o concessionário a obrigação de modificá-

Sobre este ponto, é essencial citar um caso concreto: o Estado de São Paulo avaliou a possibilidade de prorrogação antecipada do Contrato de Concessão 020/1997-EMTU-SP, para a prestação de serviços correspondentes às funções de operação de transporte urbano de passageiros e às funções de manutenção e conservação da infraestrutura e do sistema viário, bem como da linha percursora Diadema/Brooklin.[224] De acordo com a proposta analisada, a prorrogação antecipada incluiria, entre outros investimentos, a incorporação e exploração de outras linhas intermunicipais alimentadoras e complementares da região do ABC Paulista.[225]

Após análise da vantajosidade da prorrogação antecipada,[226] o Governador do Estado de São Paulo publicou o Decreto nº 65.574/2021

---

la para geração de energia atômica, se o concedente desejar a mudança dos sistemas de geração de energia" (Celso Antônio Bandeira de Mello. *Curso de direito administrativo*, p. 688).

[224] O instrumento original previa como prazo de vigência 20 anos e não dispunha sobre a possibilidade de prorrogação contratual. O oitavo termo de aditamento, assinado em 18.11.2002, prorrogou o prazo contratual por cinco anos, contado de 12.05.2017 (até 12.05.2022), para "possibilitar o cumprimento da avença, e especialmente não gerar a obrigação de indenização pelo Poder Concedente ao final do prazo contratual dos investimentos a serem feitos pela Concessionária, em cumprimento ao cronograma físico-financeiro de substituição da frota" (cláusula 11.1).

[225] "Com a palavra o Assessor da Presidência da Empresa Metropolitana de Transportes Urbanos de São Paulo/EMTU, MANOEL MARCOS BOTELHO, que introduziu o assunto descrevendo a região, denominada Área 5 da RMSP, na qual a concessão está inserida, com propostas de investimentos para (i) implantação de uma nova via de tecnologia BRT (Bus rapid transit), ligando o ABC a São Paulo, possuindo 17,3 km extensão, 20 paradas/estações e 3 terminais, integrada à Linha 2 – Verde do Metrô (Estações Tamanduateí e Sacomã), às linhas municipais da SPTrans, ao Expresso Tiradentes e ao Corredor ABD da Metra (EMTU) no Terminal São Bernardo, e provida de frota composta por ônibus elétricos, com ar-condicionado; bem como para (ii) operação do sistema remanescente de linhas intermunicipais alimentadoras e complementares do ABC Paulista, totalizando 85 linhas, com previsão de renovação de 50% da frota, e para requalificação do sistema existente do Corredor São Mateus-Jabaquara, que integra o contrato da Metra. Explicou que atualmente os serviços de ônibus intermunicipais da Área 5 são mantidos por permissões precárias, em razão das últimas licitações resultarem desertas, e que diante desta conjuntura, a EMTU estruturou internamente um projeto que viabilizaria um serviço público de transporte de passageiros de qualidade e integrado à região, que cumprisse os princípios de vantajosidade e de interesse público ao Estado" (Ata da 18ª Reunião Conjunta Ordinária, datada de 10.12.2020, concernente à 254ª Reunião Ordinária do Conselho Diretor do Programa Estadual de Desestatização, instituído por força da Lei Estadual 9.361, de 05.07.1997, e à 101ª Reunião Ordinária do Conselho Gestor do Programa Estadual de Parcerias Público-Privadas, instituído por força da Lei Estadual 11.688, de 19.05.2004. Disponível em: http://www.parcerias.sp.gov.br/Parcerias/ConselhoGestor/Atas. Acesso em: 14 jun., 2022).

[226] Ata da 8ª Reunião Conjunta Extraordinária, datada de 21.12.2020, concernente à 32ª Reunião Extraordinária do Conselho Diretor do Programa Estadual de Desestatização, e à 22ª Reunião Extraordinária do Conselho Gestor do Programa Estadual de Parcerias Público-Privada.

autorizando a prorrogação antecipada para incorporar novos investimentos da concessão, entre eles a implantação, manutenção e exploração do "Sistema BRT-ABC" e do "Sistema Remanescente", compreendido pelas linhas intermunicipais alimentadoras e complementares da área de operação.[227]

A discussão foi submetida ao crivo do Supremo Tribunal Federal na Ação Direta de Inconstitucionalidade 7.048 – SP, sob relatoria da Ministra Cármen Lúcia. Em seu voto, a Ministra ponderou que a prorrogação antecipada ampliaria o objeto originalmente de 12 linhas operacionais para, potencialmente, 97 linhas operacionais. Isso, segundo os documentos acostados nos autos, representaria um acréscimo no objeto contratual de aproximadamente 700%. Após rememorar a tese fixada pelo Supremo Tribunal Federal na ADI 5.991-DF, a Ministra relatora votou pela inconstitucionalidade do Decreto paulista.[228]

O Ministro Gilmar Mendes abriu a divergência ao apresentar o seu voto-vista julgando improcedente o pedido da Ação Direta de Inconstitucionalidade. Em seu entendimento, assim como havia sido exposto em seu voto na ADI 5.991-DF, a prorrogação antecipada é constitucional quando preenchidos determinados critérios – mencionados ao longo do Capítulo 4. Entre estes critérios, o Ministro Gilmar Mendes reforçou a importância da discricionariedade do poder

---

[227] Decreto nº 65.574/2021 do Estado de São Paulo: "Artigo 1º - Fica autorizada a prorrogação antecipada da concessão do serviço de transporte coletivo intermunicipal por ônibus e trólebus no Corredor Metropolitano São Mateus/ Jabaquara, que passa a incorporar, na condição de novos investimentos da concessão, a implantação, manutenção e exploração do Sistema BRT-ABC (Bus Rapid Transit) e do Sistema Remanescente, composto pelas linhas intermunicipais alimentadoras e complementares da área de operação, nos termos da Lei estadual nº 16.933, de 24 de janeiro de 2019. §1º - Denomina-se Sistema BRT-ABC para efeito deste decreto, o conjunto de medidas operacionais, frota e implantação de infraestrutura para o modal Bus Rapid Transit - BRT, compreendendo os Municípios de São Paulo, Santo André, São Bernardo do Campo e São Caetano do Sul. §2º - Denomina-se Sistema Remanescente, para efeito deste decreto, os serviços correspondentes as funções de operação de transporte coletivo intermunicipal por ônibus e demais veículos de baixa e média capacidade de todo o sistema regular (comum, seletivo e especial), sobre pneus, atuais e que vierem a ser implementados na região compreendida entre os Municípios de Diadema, Mauá, Ribeirão Pires, Rio Grande da Serra, Santo André, São Bernardo do Campo, São Caetano do Sul e São Paulo".

[228] "A Constituição indica a prorrogação de contratos e o que se prorroga não começa nem recomeça. O contrato administrativo depende de objeto licitado e adjudicado ao vencedor do certame. Entretanto, a prorrogação do contrato administrativo em curso não pode ser burla à regra da licitação prévia. Por isso, não se pode alterar o objeto do contrato prorrogado, não se pode permitir alteração de volume de objeto contratado a tornar outro, livre de seleção prévia" (Supremo Tribunal Federal, Plenário, Ação Direta de Inconstitucionalidade 7.048-SP, Ministra Relatora Carmen Lúcia. Data da sessão virtual de julgamento: 07.10.2022 a 17.10.2022).

concedente e do estudo de vantajosidade elaborado pelo respectivo ente da Administração Pública.[229]

Desta forma, o voto-vista do Ministro Gilmar Mendes – acompanhado pela maioria dos Ministros – considera constitucional a prorrogação antecipada de contratos de concessão quando estes forem acompanhados da justificativa técnica e econômico-financeira da Administração Pública. Sob essa tese, a maioria dos Ministros do Supremo Tribunal Federal defenderam a possibilidade de a prorrogação antecipada envolver a inclusão de novos investimentos – ainda que dissociados do objeto original –, desde que haja estudo de vantajosidade que conclua pelo afastamento de uma nova licitação.

5.3 Pagamento pela prorrogação da concessão

A contraprestação pela prorrogação antecipada mediante pagamento de valores é prevista em atos normativos. Em alguns casos, ela é obrigatória; em outros, facultativa.

Nesse primeiro espectro, a Lei nº 9.472/1997, aplicável ao setor de telecomunicações, dispõe que a prorrogação dos contratos de concessão obrigatoriamente ensejará o dever de pagamento, pela concessionária, pelo direito de exploração do serviço e pelo direito de uso das radiofrequências associadas.[230] Como consequência da prorrogação, a concessionária deverá arcar com o pagamento pelo direito de exploração do serviço e pelo direito de uso das radiofrequências associadas e poderão ser incluídos novos condicionamentos de acordo com as condições da época da prorrogação, a critério da ANATEL.[231]

Apesar de a legislação do setor de telecomunicações não mencionar o termo "prorrogação antecipada", a aprovação do pedido de prorrogação da concessionária estará sujeita ao pagamento de

---

[229] "Como destaquei ao votar a ADI n. 5.991, sem embargos da inexistência de vício constitucional na norma, é importante que o aplicador da política pública desenhada seja rigidamente controlado e fiscalizado, a fim de se garantir que a assunção dos compromissos de investimento em malha de interesse da Administração Pública seja opção tão ou mais vantajosa do que o recolhimento de outorga ou do que qualquer outra contraprestação que poderia ser imposta em favor do Poder Público. Pelas razões detalhadas nos pareceres técnicos, parece ser clara a vantajosidade para a administração pública e para a sociedade paulista mediante a assunção de novos investimentos no sistema de transporte pela concessionária Metra" (Supremo Tribunal Federal, Plenário, Ação Direta de Inconstitucionalidade 7.048-SP, Ministra Relatora Carmen Lúcia. Data da sessão virtual de julgamento: 07.10.2022 a 17.10.2022).

[230] Artigo 99, §1º, da Lei nº 9.472/1997.

[231] Artigo 99 da Lei nº 9.472/1997.

outorga pelo direito de exploração do serviço público e à inclusão de novas obrigações contratuais, conforme for estabelecido pela agência reguladora. A formalização em termo aditivo antecipará os efeitos da prorrogação, de tal modo que a concessionária se tornará responsável por obrigações que não constavam no instrumento original.

Outras contrapartidas poderão eventualmente ser incluídas em razão da prorrogação contratual, mas de acordo com o juízo discricionário do poder concedente. O dever de pagamento pela prorrogação antecipada, por outro lado, não poderá ser objeto de negociação entre as partes.

A Lei nº 9.074/1995, por sua vez, prevê que as concessões de energia elétrica poderão ser prorrogadas a título oneroso em favor da União.[232] De igual modo, a Lei nº 13.448/2017 destaca que o estudo técnico prévio à prorrogação antecipada nos setores rodoviário e ferroviário deverá prever os valores devidos ao poder público pela prorrogação, quando for o caso.[233] Aqui há apenas a possibilidade de a prorrogação antecipada envolver, como contrapartida, o pagamento de outorga ao poder concedente.

Esse pagamento poderá ser destinado ao orçamento do poder concedente ou, ainda, a outra finalidade específica, desde que definida de forma prévia ao ato da prorrogação antecipada. Como mencionado anteriormente, a prorrogação antecipada da concessão ferroviária da Estrada de Ferro Vitória-Minas envolveu o pagamento de outorgas trimestrais ao poder público, sendo possível que o poder concedente convertesse o dever de pagamento da outorga em dever de investimentos adicionais pela concessionária.

Os valores devem ser apurados e identificados nos estudos técnicos prévios à prorrogação antecipada, com base em critérios econômico-financeiros que apurem o saldo livre do fluxo de caixa da concessão. Assim como comumente as licitações de novas concessões adotam o critério de julgamento da maior oferta, no qual o adjudicatário paga valores a título de outorga ao poder concedente, aqui a contrapartida tem a mesma natureza, mas para fins de prorrogação do contrato de concessão.

De todo modo, a prorrogação antecipada não deve ter como única contrapartida o pagamento de outorga ao poder concedente. Como exposto neste estudo, a prorrogação antecipada tem por objeto a

---

[232] Artigo 4º, §1º, da Lei nº 9.074/1995.
[233] Artigo 8º, §1º, VII, da Lei nº 13.448/2017.

alteração bilateral do contrato de concessão e para modernizar, adequar, aprimorar ou ampliar os serviços concedidos. A prorrogação antecipada pode ocorrer, ainda, pautada no princípio da modicidade tarifária, como se adotou como justificativa no setor de energia elétrica.

Além de não haver precedente de prorrogações antecipadas com o pagamento de outorga como única contrapartida da concessionária, entende-se que este cenário demandará um ônus argumentativo das partes muito maior do que se houver a inclusão de outras obrigações contratuais. Em muitos casos essa prorrogação antecipada poderá ser inviabilizada sob o argumento de que o *status quo* contratual será inalterado (sem a inclusão de novas obrigações ou redução tarifária) e de que, portanto, o poder concedente deveria aguardar a proximidade do prazo de vigência originalmente avençado para avaliar se a concessão deve ser prorrogada (ordinariamente) ou se uma nova licitação deverá ser conduzida para estimular a concorrência.[234]

5.4 Investimentos cruzados

Uma possível contrapartida à prorrogação antecipada seria a inclusão da obrigação de a concessionária realizar investimentos determinados pelo poder concedente, mas que não tenham relação direta com o objeto da concessão. Essa contrapartida ficou definida como "investimentos cruzados".

Essa contrapartida também pode ser vista como a conversão da obrigação de dar em obrigação de fazer. Ao longo dos estudos técnicos prévios à prorrogação antecipada, o poder concedente, por vezes, verificará a existência de saldo da concessão em benefício da concessionária, o que desequilibraria a equação econômico-financeira em favor do poder concedente.

Uma contrapartida possível seria o pagamento de outorga proporcional ao saldo identificado, descontados os novos investimentos que serão incluídos no termo aditivo da prorrogação antecipada. Em vez de prever o pagamento da outorga, o poder concedente pode estabelecer investimentos cruzados, de modo que os valores devidos

---

[234] "No caso dos contratos de concessão, utilizar a mutabilidade – nas suas mais diversas facetas – como escusa para prolongar o contrato além do prazo indispensável ou, mesmo, para desnaturar o seu objeto em relação ao que foi originalmente licitado priva a sociedade de ter acesso a novos projetos e a contratos estruturantes do interesse público em longo prazo e cuja seleção deve se operar meritoriamente por meio de processo de licitação pública" (Flávio Amaral Garcia. *A mutabilidade nos contratos de concessão*, p. 276).

pela prorrogação antecipada seriam convertidos em intervenções e destinados a fins de interesse público.

A Lei nº 13.448/2017 é a única legislação federal que aborda expressamente essa possibilidade. Sob o pretexto de solucionar entraves logísticos, as partes da relação jurídica poderão acordar investimentos em trechos ferroviários explorados pela concessionária ou em malhas ferroviárias de interesse da Administração Pública.[235]

A constitucionalidade dessa norma foi questionada pela Procuradoria-Geral da República em ação direta de inconstitucionalidade analisada pelo plenário do Supremo Tribunal Federal. De acordo com a autora, os investimentos em malha de interesse da União violariam o dever de licitação previsto na Constituição Federal na medida em que haveria a transfiguração do objeto licitado e a transferência da obrigação de investimentos diretos pelo Poder Público à concessionária.[236]

A Ministra Cármen Lúcia, relatora da ação direta de inconstitucionalidade, avaliou que a inclusão de investimentos cruzados no contrato de concessão não ofenderia o dever de licitar da Administração Pública. Isso porque os contratos de concessão podem ser objeto de alterações para adequações às necessidades econômicas e sociais que surgissem ao longo dos anos, desde que preservado o equilíbrio econômico-financeiro da concessão e observados os princípios constitucionais aplicáveis.[237] Ademais, entendeu que os investimentos cruzados estariam na esfera de discricionariedade do Poder Executivo para, em linha com as diretrizes

---

[235] Artigo 25, §1º, da Lei nº 13.448/2017: "O órgão ou a entidade competente poderá, de comum acordo com os contratados, buscar soluções para todo o sistema e adotar medidas diferenciadas por contrato ou por trecho ferroviário que considerem a reconfiguração de malhas, admitida a previsão de investimentos pelos contratados em malha própria ou naquelas de interesse da administração pública".

[236] "A permissão para que a concessionária faça investimentos em malhas de interesse da União viola, porém, duplamente o dever de licitação imposto pela Constituição. Primeiro, porque essa nova obrigação contratual, travestida de mero equilíbrio econômico-financeiro, altera substancialmente o objeto da concessão. Segundo, porque transfere a obrigação de investimento do Poder Público para a concessionária, que poderá realizá-lo diretamente, com a consequente burla ao procedimento licitatório. Ou seja, o investimento, a princípio, uma obrigação do Poder Público, a ser executado diretamente ou por terceiro, mediante prévia licitação, será efetuado, de outro modo, pela concessionária, sem se submeter às regras da contratação pública" (Supremo Tribunal Federal, Plenário, ADI 5.991, Ministra Relatora Cármen Lúcia. Data do julgamento: 07.12.2020, fls. 13-14).

[237] "A imutabilidade do objeto da concessão não impede alterações no contrato para adequar-se às necessidades econômicas e sociais decorrentes da dinâmica do serviço público concedido e do longo prazo contratual estabelecido, observados o equilíbrio econômico-financeiro do contrato e os princípios constitucionais pertinentes" (Supremo Tribunal Federal, Plenário, ADI 5.991, Ministra Relatora Cármen Lúcia. Data do julgamento: 07.12.2020).

da política pública setorial, definir a alocação dos recursos que seriam pagos em outorga em investimentos determinados.[238]

A Ministra ainda destacou que essa contrapartida à prorrogação antecipada não teria o condão de alterar o objeto do contrato de concessão, mas de adequá-lo às necessidades identificadas pelo poder público.[239] Nesse mesmo contexto, o Ministro Gilmar Mendes se manifestou pela constitucionalidade do dispositivo da Lei nº 13.448/2017. Sua análise cotejou a diferença entre as obrigações principais e acessórias dos contratos de concessão de serviço público, enquadrando a prestação do serviço público originalmente contratado como obrigação principal e os investimentos cruzados como obrigações acessórias.[240]

O Ministro Edson Fachin divergiu sobre o tema e considerou a norma inconstitucional. Em seu voto, o Ministro destacou que os investimentos cruzados deveriam ser objeto de processo licitatório, em consonância com o dever de licitar previsto na Constituição Federal, para que o Poder Público selecione a proposta mais vantajosa.[241] Os demais ministros seguiram o voto da relatora Ministra Cármen Lúcia para julgar improcedente a ação direta de inconstitucionalidade proposta pela Procuradoria-Geral da República.

---

[238] "O investimento cruzado está compreendido na autonomia política do ente federado, ao qual compete avaliar a vantagem ou não da substituição da outorga pelo pagamento em dinheiro sobre novos investimentos na infraestrutura da malha ferroviária brasileira" (Supremo Tribunal Federal, Plenário, ADI 5.991, Ministra Relatora Cármen Lúcia. Data do julgamento: 07.12.2020).

[239] "No investimento cruzado, não se tem alteração do objeto da concessão, mas alteração contratual para adequar-se às necessidades mutáveis do interesse público. Cuida-se de medida política com o objetivo de propiciar a integração da rede ferroviária que ultrapassa os limites específicos de cada concessão, garantir maior agilidade na execução de obras nas malhas ferroviárias e incrementar investimentos na deficitária malha ferroviária brasileira" (Supremo Tribunal Federal, Plenário, ADI 5.991, Ministra Relatora Cármen Lúcia. Data do julgamento: 07.12.2020).

[240] "Tendo em vista também esse quadro fático, não antevejo violação ao princípio da licitação no dispositivo supramencionado. A assunção de novas obrigações de fazer para investimento em malhas do interesse da Administração Pública não desfigura o objeto do contrato de concessão ferroviária. Sendo o contrato de concessão um acordo bilateral que opera no interesse da Administração Pública, nada impede que, de forma acessória à obrigação principal de prestação adequada do serviço dentro da malha licitada, sejam também pactuadas obrigações não diretamente relacionadas ao empreendimento" (Supremo Tribunal Federal, Plenário, ADI 5.991, Ministra Relatora Cármen Lúcia. Data do julgamento: 07.12.2020).

[241] "Do mesmo modo, a flexibilização dos requisitos para renovação das concessões, nos moldes da Lei n.º 13.448/2017, mitiga a possibilidade de participação de mais interessados e viola, anda, o princípio da competitividade e a regra da licitação, que têm assento constitucional e que permite à Administração a contratação da melhor proposta" (Supremo Tribunal Federal, Plenário, ADI 5.991, Ministra Relatora Cármen Lúcia. Data do julgamento: 07.12.2020).

Nas prorrogações antecipadas das concessões da Estrada de Ferro Vitória-Minas e da Estrada de Ferro Carajás, o poder público incluiu, como contrapartida à ampliação do prazo de vigência das outorgas, o dever de as concessionárias construírem a Ferrovia de Integração do Centro-Oeste (FICO). Esse investimento cruzado foi considerado na modelagem econômico-financeira preparada pela ANTT, resultando no valor de R$ 2,7 bilhões para a construção da malha ferroviária, entre o Município de Mara Rosa (GO) e Água Boa (MT).[242]

De acordo com o Tribunal de Contas da União, a inclusão da contrapartida de investimentos cruzados estaria inserida no juízo discricionário do poder concedente e consubstanciada em diretrizes da política pública do setor ferroviário.[243] Alertou, contudo, que o poder concedente teria um ônus maior para indicar os investimentos cruzados que fossem efetivamente compatíveis com o interesse público e para fiscalizar a execução das intervenções pelas concessionárias.[244]

---

[242] "598. Assim, vê-se que a implantação da FICO foi incluída na modelagem tendo em vista a diretriz do Ministério. De modo a quantificar o valor dessa obrigação no Capex, foi elaborado projeto básico pela Valec. De acordo com a ANTT (peça 6, p. 95), o projeto a ser considerado na implantação da FICO, trecho entre Mara Rosa/GO e Água Boa/MT, possui extensão de 383 km de extensão ferroviária, em bitola larga, trilho UIC 60 e dormentes de concreto. 599. Tal projeto, que está sendo analisado pelo Tribunal no âmbito do TC 025.638/2019-0, tem como estimativa do custo de implantação da infraestrutura e superestrutura ferroviária, incluindo os custos ambientais, de projeto e de desapropriações considerando o benefício do REIDI, na database de julho de 2018, o valor de R$ 2.735.121.999,53, conforme verifica-se no Anexo 9 da minuta de termo aditivo (peça 14, p. 16). 600. Tem-se, portanto, que o resultado da modelagem econômico-financeira está sendo direcionado em R$ 2,7 bilhões para a implantação da FICO, trecho entre Mara Rosa/GO e Água Boa/MT, e em R$ 1,5 bilhão para o pagamento de parcelas trimestrais de outorga pela concessionária" (Tribunal de Contas da União, Plenário, Acórdão 1.947/2020, TC 018.842/2019-4, Ministro Relator Bruno Dantas. Data do julgamento: 29.07.2020).

[243] "522. Quanto à escolha da FICO como malha de interesse da administração a receber investimento oriundo da prorrogação antecipada, trata-se de uma escolha do Poder Concedente, fundamentada nas diretrizes do Plano Nacional de Logística, razão pela qual não vislumbro razão legítima para impugnação por este Tribunal. Também consta do aditivo aprimoramento de regras contratuais concernentes ao compartilhamento da infraestrutura, conforme determina a Lei nº 13.448/2017" (Tribunal de Contas da União, Plenário, Acórdão 1.947/2020, TC 018.842/2019-4, Ministro Relator Bruno Dantas. Data do julgamento: 29.07.2020).

[244] "488. Assim, se por um lado não vislumbro óbice, ao menos em tese, à utilização desse dispositivo legal para aquisição de determinado insumo relevante para o atingimento dos objetivos maiores da política de transportes, por outro lado, reputo que esta alternativa implica um desafio maior do poder público no sentido de garantir que todo o ciclo do investimento seja cumprido. [...] 491. Além disso, o Poder Público precisará estabelecer procedimentos a fim de se assegurar do atendimento das especificações técnicas, do rastreamento, da garantia, da guarda do material, da compatibilização dos seus preços com os de mercado, da forma de contabilização desses dispêndios, enfim, uma série de aspectos que não foram informados nesta oportunidade. 492. Finalmente, a escolha

A prorrogação antecipada mediante a execução de investimentos cruzados deve ser adotada com cautela. A declaração de constitucionalidade feita pelo Supremo Tribunal Federal não deve ser interpretada como um salvo conduto para que o poder concedente inclua investimentos cruzados sem estudos técnicos e econômico-financeiros aprofundados.

Diante dos casos concretos de prorrogação antecipada, o poder concedente deve avaliar quais serão as intervenções a serem atribuídas à concessionária, descrever a respectiva finalidade, a compatibilidade com o interesse público e, especialmente, mensurar se a inclusão das intervenções como contrapartida se justifica em detrimento da contratação via licitação.

Não deverá ser admitido, por exemplo, que uma determinada intervenção seja valorada em preços acima de mercado ou que razoavelmente poderia ser obtido por meio de licitação. Ou que investimentos cruzados alheios ao interesse público ou sem detalhamento técnico adequado sirvam como contrapartidas às prorrogações antecipadas.

A inclusão de investimentos cruzados somente poderá ocorrer como contrapartida às prorrogações antecipadas após a devida motivação técnica, econômico-financeira e jurídica. E isso cria um ônus argumentativo elevado para o poder público demonstrar a aderência dos investimentos cruzados à política setorial, a estudos técnicos e econômico-financeiros.[245]

---

de empreendimentos a serem objeto desse investimento deve ser cautelosa, para que não ocorra inviabilidade prática de sua implantação. A título ilustrativo, a Ferrovia Transnordestina mencionada na nota técnica do MInfra possui um longo histórico de irregularidades apuradas por este Tribunal. [...] 494. Portanto, proponho que este Tribunal informe ao Poder Concedente que não há óbice em direcionar recursos do saldo livre do fluxo de caixa (valor de outorga) da modelagem econômico-financeira à aquisição de trilhos pela concessionária, e à sua entrega à Valec, para aplicação em sua malha ou em outra de interesse da administração, desde que, previamente à celebração do termo aditivo, o Poder Concedente discipline, detalhadamente, a forma de implementação desta nova diretriz, afastando os riscos de desvio dos princípios que nortearam a autorização legal em apreço" (Tribunal de Contas da União, Plenário, Acórdão 1.947/2020, TC 018.842/2019-4, Ministro Relator Bruno Dantas. Data do julgamento: 29.07.2020).

[245] "Cria-se a necessidade de reforço do ônus argumentativo para demonstrar que seria ineficiente que essas alterações [modificação decorrente da necessidade de obras ou serviços adicionais], ainda que não previstas originalmente no instrumento convocatório, fossem executados por outro concessionário, seja em razão de aspectos técnicos que impedem a sua delimitação como um objeto dotado de autonomia, seja em razão dos aspectos econômicos, porquanto eventual delegação a outro concessionário produziria um efeito contrário à boa gestão dos recursos públicos" (Flávio Amaral Garcia. *A mutabilidade nos contratos de concessão*, p. 287).

5.5 Redução tarifária

O poder público poderá optar, ainda, pela redução das tarifas cobradas pelas concessionárias após a ampliação do prazo de vigência da concessão. Essa contrapartida dialogaria com o princípio da modicidade tarifária e com as políticas públicas do poder concedente. Dependeria, contudo, da análise da modelagem econômico-financeira para atestar a possibilidade de reduzir as tarifas praticas pela concessionária.

Afinal, a inclusão de investimentos novos e vultosos na concessão poderá obstar a redução tarifária, na medida em que a concessionária teria que ter remuneração compatível com os valores investidos para amortizá-los ao longo da vigência contratual. Por outro lado, como ferramenta de política pública, o poder concedente poderá destinar o saldo do fluxo de caixa da prorrogação antecipada à modicidade tarifária, em detrimento do pagamento de outorgas ou de investimentos cruzados porventura cogitados.

As prorrogações do setor de energia elétrica foram fundamentadas essencialmente em dois aspectos: o risco relacionado ao término de vigência simultâneo de diversos contratos de geração, transmissão e distribuição de energia, e seus possíveis impactos no setor energético brasileiro, e a política pública de reverter os efeitos da antecipação das prorrogações contratuais na modicidade tarifária.[246]

Assim, a Medida Provisória 579/2012, posteriormente convertida na Lei nº 12.783/2013, teve como propósito reduzir as tarifas cobradas dos consumidores do mercado cativo a partir da amortização e depreciação dos investimentos feitos pelas concessionárias do setor.[247] Com base

---

[246] "1. Submetemos à elevada consideração de Vossa Excelência proposta de edição de Medida Provisória que altera dispositivos da legislação vigente com o objetivo de viabilizar a redução do custo da energia elétrica para o consumidor brasileiro, buscando, assim, não apenas promover a modicidade tarifária e a garantia de suprimento de energia elétrica, como também tornar o setor produtivo ainda mais competitivo, contribuindo para o aumento do nível de emprego e renda no Brasil. [...] 12. A proposta de Medida Provisória em apreço estabelece os procedimentos e prazos para o pedido de prorrogação a ser apresentado pelos titulares das concessões vincendas e admite a antecipação de tais prorrogações em até 5 (cinco) anos, a juízo do Poder Concedente, de forma a permitir a antecipação da captura do benefício da amortização dos investimentos em favor dos consumidores finais, em consonância com o princípio da modicidade tarifária" (EM Interministerial 37/MME/MF/AGU, de 11 de setembro de 2012).

[247] "Dentro do novo regime, foi aberta aos concessionários que optassem pela renovação de seus contratos a antecipação da indenização, como estratégia do poder concedente para propiciar a modicidade tarifária – indenização, esta, com aspectos diversos daquela prevista no art. 36 da Lei nº 8.987/1995, que pressupõe a extinção da concessão. O objetivo fundamental da reforma foi beneficiar o consumidor, em especial o consumidor cativo, por meio da redução da tarifa no Ambiente de Contratação Regulada/ACR, ficando excluídos

na modicidade tarifária, a Lei nº 12.783/2013 condicionou a antecipação dos efeitos da prorrogação à definição, pelo poder concedente, da tarifa ou receita inicial para as concessionárias de geração, transmissão e distribuição de energia elétrica.[248] E a definição da tarifa ou receita consideraria, nos termos da lei, a parcela dos investimentos vinculados a bens reversíveis que não tenha sido amortizada ou depreciada ou indenizada pelo poder concedente, sendo revisada periodicamente.[249]

Para concessões de serviço público que não dependam de investimentos vultosos para a modernização ou ampliação da infraestrutura pública, sobretudo nos casos em que a concessionária já houver realizado a parcela relevante dos investimentos nos primeiros anos da concessão, a redução tarifária pode representar um instrumento de política pública do poder concedente. Haveria, assim, a compatibilização entre a remuneração da concessionária e os demais investimentos regulares da concessão, como aqueles voltados à manutenção dos bens reversíveis.

Novamente, tudo dependerá dos estudos elaborados pelo poder concedente. Uma variável importante para a inclusão dessa contrapartida relaciona-se com a proximidade do término da concessão e a vantajosidade de conduzir uma nova licitação na qual a nova concessionária cobrará tarifas em valores menores.

5.6 Inclusão de novas obrigações para manter a prestação do serviço adequado

Para além das contrapartidas mencionadas acima, é natural que o termo aditivo que prorrogar antecipadamente a concessão de serviço

---

do benefício os consumidores de energia em Ambiente de Contratação Livre/ACL. Os principais mecanismos definidos na medida provisória visando à modicidade tarifária e ao estabelecimento de benefícios para o consumidor final buscaram, diretamente: (i) a captura do benefício da amortização e depreciação dos investimentos realizados nos empreendimentos de geração e nas instalações de transmissão e de distribuição de energia elétrica alcançados pelos arts. 19 e 22 e §5º do art. 17 da Lei nº 9.074/1995; (ii) a redução de encargos setoriais (Reserva Global de Reversão/RGR; Conta de Consumo de Combustíveis/CCC e Conta de Desenvolvimento Energético/CDE); (iii) neutralização da variação cambial de Itaipu, através da celebração de contratos da União com a Eletrobras, na qualidade de agente comercializador de energia (Eletrobras); e indiretamente: redução de tributos (ICMS, PIS/PASEP, COFINS)" (Dinorá Adelaide Musetti Grotti; Cristiana Maria Melhado Araujo Lima. As modificações no setor de energia elétrica e os contratos de concessão. In: Carlos Ari Sundfeld; Guilherme Jardim Jurksaitis (Org.). *Contratos públicos e direito administrativo*. São Paulo: Malheiros, 2015. p. 328-329).

[248] Artigo 13, *caput*, da Lei nº 12.783/2013.
[249] Artigo 15, *caput*, da Lei nº 12.783/2013.

público introduza novos deveres e obrigações às partes. Grande parte dos contratos de concessão assinados na década de 1990 não continham previsões detalhadas sobre a prestação adequada do serviço público, sobre o mecanismo de fiscalização pelo poder concedente, sobre a alocação de riscos entre as partes, entre outras.

Se por um lado a Lei nº 8.987/1995 sempre estabeleceu o rol de previsões que deveria, obrigatoriamente, constar nos editais de licitação e nos instrumentos contratuais,[250] por outro, tais previsões por vezes eram genéricas e faziam somente remissão à regulamentação setorial.

O contrato de concessão da ferrovia Estrada de Ferro Vitória-Minas, por exemplo, no tocante à prestação adequada do serviço público, estabelecia tão somente que a concessionária deveria observar as leis, normas e regulamentos aplicáveis, além de adotar as medidas técnicas, administrativas, de segurança e educativa para prestar o serviço público.[251] O contrato original, de 14 páginas, foi ajustado após a assinatura do 4º termo aditivo, relativo à prorrogação antecipada da concessão, passando a conter 49 páginas, com maior detalhamento sobre os temas recorrentes da concessão, além de anexos robustos com cadernos de encargos.

Os novos contratos de concessão do setor ferroviário também trazem disposições mais pormenorizadas sobre a prestação do serviço público e a governança coorporativa da concessionária. Os contratos de subconcessão da Ferrovia Norte Sul – Tramo Central e da Ferrovia de Interação Oeste-Leste (FIOL), assinados em 2019 e 2021, respectivamente, esmiuçam as condições de investimentos adicionais nas malhas ferroviárias, compartilhamento de infraestrutura, cláusula arbitral e estrutura de governança das subconcessionárias.

Essa evolução ocorre em função do ganho de experiência do poder concedente e das agências reguladoras. Se antes, quando da assinatura de grande parte dos contratos de concessão de serviço público, sequer havia agência reguladora criada, atualmente o aparelho administrativo já se deparou e analisou diversas situações que não eram regradas pelo instrumento contratual, acumulando conhecimento para antever problemas e soluções às novas outorgas.

---

[250] Artigos 18 e 23 da Lei nº 8.987/1995.
[251] "Cláusula Quinta – Da qualidade do serviço. A Concessionária obedecerá às leis, normas e regulamentos aplicáveis, inclusive, mas sem limitação, adotará as medidas de natureza técnica, administrativa, de segurança e educativa, e proverá os investimentos que assegurem a prestação do serviço adequado".

A incorporação dessas técnicas regulatórias nos contratos de concessão não afeta o objeto originalmente contratado.[252] Pelo contrário, ela gera maior segurança jurídica às partes de sorte que o contrato passa a prever, com mais detalhes, os deveres de cada parte e discipline condutas para situações que antes não eram previsíveis. Como resultado, espera-se a melhora na prestação do serviço aos usuários.[253]

A prestação de serviço público adequado, nos termos da Lei nº 8.987/1995, é aquele prestado pela concessionária de forma regular, contínua, eficiente, segura, atual, geral e cortês ao usuário.[254] O requisito da atualidade, por sua vez, compreenderia a modernidade das técnicas, do equipamento e das instalações e sua conservação, assim como a melhoria e expansão do serviço público.[255]

Essas diretrizes devem ser observadas pela concessionária ao longo da vigência contratual, especialmente a partir das regras contratuais e legais.[256] A prorrogação antecipada, contudo, possibilita que as partes aperfeiçoem as disposições contratuais para torná-las mais aderentes à realidade da concessão e do serviço prestado aos usuários.

Os atos normativos que disciplinam as prorrogações de concessões de serviços públicos dispõem sobre esse aperfeiçoamento: no setor de energia elétrica, tanto a Lei nº 9.074/1995 quanto a Lei nº 12.783/2013 preveem a inclusão de cláusulas sobre requisitos mínimos

---

[252] Tampouco está sujeita aos limites previstos na Lei nº 8.666/1993, como expressa a Lei nº 13.448/2017 em seu artigo 22: "As alterações dos contratos de parceria decorrentes da modernização, da adequação, do aprimoramento ou da ampliação dos serviços não estão condicionadas aos limites fixados nos §§1º e 2º do art. 65 da Lei nº 8.666, de 21 de junho de 1993".

[253] "[l]'offre d'une prorrogation est, à toute époque, un excellent moyen d'obtenir l'extension ou l'amélioration du service, comme on en voit actuellement de nombreux exemples pour les tramways municipaux" (Clément Colson. *Cours d'economie politique*: les travaux publics et les tranports. 2. ed. Paris: Gauthier-Villars, 1910. v. 6. p. 419).

[254] Artigo 6º, §1º, da Lei nº 8.987/1995.

[255] Artigo 6º, §2º, da Lei nº 8.987/1995.

[256] "Serviço adequado é aquele bem prestado – não o 'serviço perfeito'. Ele deverá ser executado em conformidade com as exigências fixadas na lei de regência, no edital, na proposta e no contrato. Há de ser conforme ao previsto em seu regime jurídico, de molde a assegurar a prestação segura, que respeite a integridade física e moral dos usuários e não os submeta a quaisquer constrangimentos. Aqui está a relação que autoriza a percepção do que vem a ser um serviço adequado aos usuários. [...] O nível de adequação é aquele previamente definido – podendo se submeter a aperfeiçoamento posterior, desde que não traia o objeto e o conteúdo do contrato, nem frustre seu equilíbrio econômico-financeiro" (Egon Bockmann Moreira. *Direito das concessões de serviço público*: (concessões, parcerias, permissões e autorizações), p. 249-251).

de desempenho técnico, fiscalização e sanções como contrapartida à prorrogação.[257][258]

Nos setores ferroviário e rodoviário, as prorrogações antecipadas devem adotar, conforme o caso, melhores práticas regulatórias, novas tecnologias e serviços nos termos aditivos aos contratos de concessão.[259] As prorrogações do setor de telecomunicações também conferem à ANATEL a possibilidade de incluir novos condicionamentos tendo em vista as condições vigentes à época da ampliação do prazo de vigência da outorga.[260]

5.7 Sínteses

As contrapartidas às prorrogações antecipadas podem derivar de atos normativos editados pelo poder concedente e de observância obrigatória ou da discricionariedade administrativa de acordo com o caso concreto. As alterações bilaterais dos contratos, para a inclusão dessas contrapartidas, variarão de acordo com o caso concreto e com os estudos conduzidos de forma prévia à prorrogação antecipada.

Ao passo que as prorrogações antecipadas de concessões de serviços públicos têm como motivação a modernização, a ampliação e a adequação do serviço a novas realidades e demandas, a principal contrapartida atualmente exigida das concessionárias é a inclusão de novas obrigações contratuais, sobretudo de investimentos nos bens da concessão.

Há, ainda, outras contrapartidas que o poder concedente poderá adotar como condição para autorizar a prorrogação antecipada, como: o pagamento de valores pela concessionária a título de outorga pela

---

[257] Artigo 25 da Lei nº 9.074/1995: "[...] §1º. Os contratos de concessão e permissão conterão, além do estabelecido na legislação em vigor, cláusulas relativas a requisitos mínimos de desempenho técnico do concessionário ou permissionário, bem assim, sua aferição pela fiscalização através de índices apropriados. §2º. No contrato de concessão ou permissão, as cláusulas relativas à qualidade técnica, referidas no parágrafo anterior, serão vinculadas a penalidades progressivas, que guardarão proporcionalidade com o prejuízo efetivo ou potencial causado ao mercado".

[258] Artigo 6º, parágrafo único, da Lei nº 12.783/2013: "A prorrogação de que trata este artigo dependerá da aceitação expressa das seguintes condições pelas concessionárias: [...] II - submissão aos padrões de qualidade do serviço fixados pela Aneel".

[259] Artigo 3º: "O ministério ou a agência reguladora, na condição de órgão ou de entidade competente, adotará no contrato prorrogado ou relicitado as melhores práticas regulatórias, incorporando novas tecnologias e serviços e, conforme o caso, novos investimentos".

[260] Artigo 99, §1º, da Lei nº 9.472/1997.

ampliação antecipada do prazo de vigência, a realização de investimentos cruzados, a redução dos valores tarifários cobrados dos usuários de serviços públicos e os ajustes contratuais para aperfeiçoar o serviço público prestado.

Todas essas contrapartidas não são excludentes entre si, tampouco são taxativas, cabendo ao poder concedente criar contrapartidas conforme o caso requeira.

CAPÍTULO 6

CONSIDERAÇÕES FINAIS E CONCLUSÃO

6.1 Síntese

As concessões de serviços públicos são projetadas a partir de critérios técnicos, econômico-financeiros e jurídicos existentes à época da estruturação. A Administração Pública avalia a necessidade pública a ser satisfeita, as alternativas jurídicas disponíveis e as obrigações indispensáveis para atender a tal necessidade, bem como os riscos relacionados à execução dessas obrigações etc. Com base na definição dos encargos alocados à futura concessionária, da estrutura tarifária e das receitas acessórias para remunerá-la, a Administração Pública estabelecerá o prazo para a exploração do serviço público.

O prazo de vigência é, portanto, definido durante a fase preparatória da licitação e integra a equação econômico-financeira da concessão. A concessionária deverá cumprir as obrigações contratuais durante esse período e terá direito a ser remunerada pela exploração do serviço público, amortizando os investimentos realizados em bens da concessão. Os prazos de vigência das concessões, no entanto, não são imutáveis e poderão ser estendidos, ou seja, prorrogados por diferentes motivos.

A despeito das hipóteses de prorrogação definidas como extraordinárias, como a prorrogação por reequilíbrio econômico-financeiro ou para assegurar a continuidade na prestação do serviço público, a vigência também poderá ser alterada por razões de conveniência e oportunidade do poder concedente e por interesse da concessionária. Essa hipótese, que foi definida como prorrogação ordinária, tem limitações no ordenamento jurídico e na jurisprudência de tribunais superiores.

Não será admitida, por exemplo, a alegação de um suposto direito subjetivo da concessionária à prorrogação do contrato ou a prorrogação perpétua de contratos de concessão, salvo em duas circunstâncias específicas. A primeira delas está relacionada à existência do direito subjetivo caso o edital ou o instrumento contratual expressamente prevejam a prorrogação como um direito da concessionária ou sujeito ao cumprimento de determinados requisitos. A segunda exceção, essa relacionada à prorrogação sucessiva, diz respeito às concessões de serviços de radiodifusão sonora e de sons e imagens em função do seu tratamento diferenciado na Constituição Federal.

No contexto das prorrogações ordinárias surge a prorrogação antecipada dos contratos de concessão de serviços públicos. O principal elemento que a diferencia da prorrogação ordinária é a antecipação dos efeitos da ampliação do prazo de vigência em momento significativamente anterior à data de encerramento original da relação jurídica, com a formalização, pela concessionária e pelo poder concedente de termo aditivo ao contrato prevendo a extensão do prazo de vigência.

A prorrogação antecipada atrai um ônus argumentativo significativo ao poder concedente: assim como na prorrogação ordinária, a ampliação da vigência dos contratos de concessão deve ser avaliada e justificada sob diversos ângulos, entre eles o econômico-financeiro, o técnico e o jurídico. Essa avaliação compreenderá o estudo técnico da prorrogação antecipada, que deverá demonstrar a "vantajosidade" da ampliação da vigência contratual naquele momento em comparação com demais alternativas do poder concedente, como, por exemplo, a extinção antecipada da concessão, a prorrogação ordinária ou uma nova licitação.

Para além da compatibilidade da prorrogação antecipada com o interesse público, há requisitos objetivos de observância obrigatória para antecipar os efeitos de uma prorrogação contratual. Os requisitos objetivos estão explícitos e implícitos no ordenamento jurídico e não comportam discussão pela concessionária ou pelo poder concedente. São os requisitos de origem de concessão após processo licitatório, a previsão editalícia ou contratual a respeito da possibilidade de prorrogação, a vigência do contrato, a tempestividade do pedido de prorrogação antecipada apresentado pela concessionária e a condução de processo de participação social.

A formalização da prorrogação antecipada enseja a repactuação de deveres e direitos das partes do contrato de concessão. Essa repactuação, definida como contrapartida, deverá ser analisada concomitantemente à compatibilidade do interesse público da prorrogação e se amoldar às necessidades do caso concreto. Como exemplo, cita-se uma concessão de infraestrutura ferroviária na qual a execução imediata de novos investimentos será necessária para assegurar a prestação do serviço adequado. Para esse caso, a concessionária poderá propor a prorrogação antecipada e, como contrapartida, a inclusão de novas obrigações de investimentos.

Não há um rol taxativo de contrapartidas que poderão ser adotadas nas prorrogações antecipadas. O poder concedente deverá avaliar a pertinência da inclusão de cada uma delas de acordo com as necessidades da concessão e do interesse público. Na casuística e para além da inclusão de investimentos não previstos no contrato de concessão original, há exemplos de contrapartidas por meio do pagamento de outorga, da execução de obras e serviços de interesse do poder concedente e não relacionados à concessão (investimentos cruzados), da redução tarifária e da alteração de obrigações para manter o serviço atual e adequado.

6.2 Conclusões

O objetivo desta obra era delimitar e analisar os contornos jurídicos da prorrogação antecipada de contratos de concessão de serviços públicos para, então, avaliar a existência de um regime jurídico sobre esse tema no direito brasileiro.

Apesar de a expressão "prorrogação antecipada" ter sido incluída no ordenamento jurídico brasileiro apenas em 2013, por meio da Lei nº 12.815/2013, a sua aplicação já era possível. Isso ao se considerar a prorrogação antecipada como a alteração bilateral do contrato para ampliar o prazo de vigência, em momento significativamente anterior ao seu prazo original, e com a repactuação de obrigações.

Assim, a ampliação do prazo de vigência de um contrato de concessão formalizada anteriormente à edição dos atos que expressamente disciplinaram a prorrogação antecipada não descaracteriza, por si só, a antecipação dos efeitos da prorrogação. Tampouco poderá ser excluída a hipótese de prorrogação antecipada caso determinada concessão não tenha ato normativo que regulamente explicitamente o assunto, como é o caso do setor de energia elétrica.

Isso porque a definição adotada neste estudo não está baseada em norma jurídica específica ou à existência dela, mas sim às suas características nucleares. Por esse viés e após o percurso transcorrido e sintetizado no Capítulo anterior, é possível concluir que há um regime jurídico mínimo das prorrogações antecipadas. Mínimo, pois há particularidades aplicáveis a concessões de diferentes setores, sobretudo em relação a requisitos e contrapartidas que devem ser observadas no processo de prorrogação antecipada.

Inclusive, a Administração Pública poderá editar atos normativos com novos requisitos e contrapartidas em diferentes setores para conformar as prorrogações antecipadas com as políticas públicas, com as necessidades que surgirem ao longo dos anos ou para adequá-las à experiência da casuística e das decisões administrativas e judiciais.

Um exemplo de requisito sujeito à normatização diz respeito à participação social no processo da prorrogação antecipada. Com o intuito de assegurar a eficiência e transparência desse processo, o órgão ou a entidade competente deve divulgar os estudos da prorrogação antecipada e instaurar consulta pública para coletar contribuições da sociedade civil, sobretudo de indivíduos e associações diretamente impactadas pela repercussão da prorrogação antecipada.

Esses estudos consolidam o ônus argumentativo da decisão administrativa: eles abrangem a análise econômico-financeira, técnica e jurídica da proposta de prorrogação antecipada e trazem a motivação de qual será a melhor resposta às necessidades a serem satisfeitas no contexto da concessão. Por essa razão, o processo de prorrogação antecipada deve ser conduzido de forma rigorosa, atento aos requisitos descritos nesta obra e com a avaliação precisa das novas obrigações atribuídas à concessionária.

A bússola do administrador deverá apontar para o interesse público, e, para isso, é essencial que as novas obrigações sejam efetivamente compatíveis com o interesse público, ou, como os recentes atos normativos convencionaram, que a "vantajosidade" da prorrogação antecipada em detrimento de outras medidas seja comprovada. Nessas hipóteses, a prorrogação antecipada ensejará benefícios ao poder concedente e aos usuários, com a adequada prestação do serviço público, e à concessionária, com a garantia da exploração da concessão e a remuneração por um maior período.

REFERÊNCIAS

ALENCAR, Letícia Lins de. *Equilíbrio na concessão*. Belo Horizonte: Fórum, 2019.

AMARAL, Antônio Carlos Cintra do. *Concessão de serviço público*. 2. ed. São Paulo: Malheiros, 2002.

AMARAL, Antônio Carlos Cintra do. *Concessão de serviços públicos*: novas tendências. São Paulo: Quartier Latin, 2012.

ANDRADE, Letícia Queiroz. *Teoria das relações jurídicas da prestação de serviço público sob regime de concessão*. São Paulo: Malheiros, 2015.

ARAGÃO, Alexandre Santos de. *Direito dos serviços públicos*. 2. ed. Rio de Janeiro: Forense, 2008.

ARRUDA CÂMARA, Jacintho. *Tarifa nas concessões*. São Paulo: Malheiros, 2009.

ARRUDA CÂMARA, Jacintho; NOHARA, Irene Patrícia. *Tratado de direito administrativo*: licitações e contratos administrativos, v. 6. 2. ed. São Paulo: Revista dos Tribunais, 2019.

ARRUDA CÂMARA, Jacintho; SUNDFELD, Carlos Ari. Atualidade do serviço público concedido e reequilíbrio da concessão. *Revista de Direito Público da Economia – RDPE*, v. 16, n. 61, p. 41-54, jan./mar. 2018.

BANDEIRA DE MELLO, Celso Antônio. *Curso de direito administrativo*. 35. ed. São Paulo: Malheiros, 2021.

BANDEIRA DE MELLO, Celso Antônio. *Discricionariedade e controle jurisdicional*. 2. ed. 12. tir. São Paulo: Malheiros, 2017.

BANDEIRA DE MELLO, Celso Antônio. Parecer quanto à prorrogação do prazo da concessão para fins de reequilíbrio econômico-financeiro do contrato. In: CARVALHO, André Castro (Org.). *Contratos de concessão de rodovias*: artigos, decisões e pareceres jurídicos. São Paulo: MP, 2009.

BANDEIRA DE MELLO, Celso Antônio. *Prestação de serviços públicos e administração indireta*. 2. ed. São Paulo: Revista dos Tribunais, 1979.

BANDEIRA DE MELLO, Celso Antônio. *Serviço público e concessão de serviço público*. São Paulo: Malheiros, 2017.

BANDEIRA DE MELLO, Oswaldo Aranha. *Princípios gerais de direito administrativo*. 3. ed. 2. tir., v. 1, São Paulo: Malheiros, 2010.

BENÔIT, Francis-Paul. *Le droit administratif français*. Paris: Dalloz, 1968.

BINENBOJM, Gustavo. *Uma teoria do direito administrativo*: direitos fundamentais, democracia e constitucionalização. 3. ed. rev. e atual. Rio de Janeiro: Renovar, 2014.

CAMPOS NETO, Carlos Álvares da Silva; SOARES, Ricardo Pereira. *A eficácia do Estado e as concessões rodoviárias no Brasil*: preocupação com o valor do pedágio e sugestões para operacionalizar a modicidade das tarifas. Brasília: Ipea, jun. 2007. (Texto para Discussão nº 1.286). Disponível em: http://repositorio.ipea.gov.br/bitstream/11058/1791/1/TD_1286.pdf. Acesso em: 5 jun. 2020.

CARVALHO FILHO, José dos Santos. *Manual de direito administrativo*. Rio de Janeiro: Lumen Juris, 2010.

CINTRA, Antônio Carlos de Araújo. *Motivo e motivação do ato administrativo*. São Paulo: Revista dos Tribunais, 1979.

COLSON, Clément. *Cours d'economie politique*: les travaux publics et les tranports. 2. ed. Paris: Gauthier-Villars, 1910. v. 6.

DAL POZZO, Augusto Neves. *Aspectos fundamentais do serviço público no direito brasileiro*. São Paulo: Malheiros, 2012.

DALLARI, Adilson Abreu. *Aspectos jurídicos da licitação*. 7. ed. Saraiva, 2007.

DI PIETRO, Maria Sylvia Zanella. *Direito administrativo*. 25. ed. São Paulo: Atlas, 2012.

DI PIETRO, Maria Sylvia Zanella. *Parcerias na administração pública*: concessão, permissão, franquia, terceirização, parceria público-privada. 12. ed. Rio de Janeiro: Forense, 2019.

FERRAZ JÚNIOR, Tércio Sampaio; Juliano Souza de Albuquerque Maranhão. Separação estrutural entre serviços de telefonia e limites ao poder das agências para alteração de contratos de concessão. *Revista de Direito Público da Economia – RDPE*, Belo Horizonte, ano 2, n. 8, out./dez. 2004. Disponível em: http://www.bidforum.com.br/bid/PDI0006.aspx?pdiCntd=12793. Acesso em: 17 mar. 2022.

FIGUEIREDO, Lucia Valle. *Curso de direito administrativo*. 8. ed. São Paulo: Malheiros, 2006.

FREIRE, André Luiz. *O regime de direito público na prestação de serviços públicos por pessoas privadas*. São Paulo: Malheiros, 2014.

FREIRE, André Luiz; DAL POZZO, Augusto Neves; VALIM, Rafael; AURÉLIO, Bruno (Coord.). *Parcerias Público-Privadas*: teoria geral e aplicação nos setores de infraestrutura. Belo Horizonte: Fórum, 2014.

FREITAS, Rafael Véras de. As prorrogações e a relicitação previstas na Lei nº 13.448/2017: um novo regime jurídico de negociação para os contratos de longo prazo. *Revista de Direito Público da Economia – RDPE*, v. 15, n. 59, p. 175-199, jul./set. 2017.

FREITAS, Rafael Véras de. O Programa de Parcerias de Investimentos (PPI) e o seu regime jurídico. *Revista de Contratos Públicos*, v. 11, p. 137, 2017.

FREITAS, Rafael Véras de; RIBEIRO, Leonardo Coelho. O prazo como elemento da economia dos contratos de concessão: as espécies de "prorrogação". In: MOREIRA, Egon Bockmann. *Contratos administrativos, equilíbrio econômico-financeiro e taxa interna de retorno*: as lógicas das concessões e das parcerias público-privadas. Belo Horizonte: Fórum, 2016. p. 253-282.

GARCÍA DE ENTERRÍA, Eduardo; FERNÁNDEZ, Tomás-Ramón. *Curso de Derecho Administrativo*. 8. ed. v. 1. Madrid: Civitas, 1997.

GARCIA, Flávio Amaral. *A mutabilidade nos contratos de concessão*. 2. ed. rev., atual. São Paulo: Juspodivm, 2023.

GARCIA, Flávio Amaral. As parcerias público-privadas: prazo e prorrogação. In: JUSTEN FILHO, Marçal; SCHWIND, Rafael Wallbach (Coord.). *Parcerias público-privadas*: reflexões sobre os 10 anos da Lei 11.079/2004. São Paulo: Revista dos Tribunais, 2015.

GARCIA, Flávio Amaral. *Concessões, parceria e regulação*. São Paulo: Malheiros, 2019.

GASPARINI, Diógenes. Prazo e Prorrogação do Contrato de Serviço Continuado. *Revista da Faculdade de Direito de São Bernardo do Campo*, v. 4, 2 set. 2015.

GONZÁLEZ, Jorge Agudo. El tiempo en las concesiones de servicio publico: continuidad en la prestación del servicio y potestas variandi versus libre concurrencia. *Revista General de Derecho Administrativo*, n. 26, Janeiro, 2011, p. 26. Disponível em: https://www.iustel.com/v2/revistas/detalle_revista.asp?id_noticia=409929&d=1#nota26. Acesso em: 10 jun. 2022.

GORDILLO, Agustín. *Tratado de derecho administrativo*. 7. ed. v. I e II. Belo Horizonte: Del Rey/Fundación de derecho administrativo, 2003.

GRAU, Eros Roberto. *A ordem econômica na Constituição de 1988*. 14. ed. São Paulo: Malheiros, 2010.

GROTTI, Dinorá Adelaide Musetti. *O serviço público e a Constituição Brasileira de 1988*. São Paulo: Malheiros, 2003.

GROTTI, Dinorá Adelaide Musetti; LIMA, Cristiana Maria Melhado Araujo. As modificações no setor de energia elétrica e os contratos de concessão. In: SUNDFELD, Carlos Ari; JURKSAITIS, Guilherme Jardim (Org.). *Contratos públicos e direito administrativo*. São Paulo: Malheiros, 2015.

GROTTI, Dinorá Adelaide Musetti; LIMA, Cristiana Maria Melhado Araujo. Diferenças entre terminais portuários de uso público e de uso privado. In: PEREIRA, Cesar; WALLBACH, Rafael Schwind (Org.). *Direito portuário brasileiro*. 2. ed. rev., ampl. e atual. Belo Horizonte: Fórum, 2018.

GUIMARÃES, Bernardo Strobel. O prazo nas concessões e as normas que estipulam vigência máxima do vínculo algumas inquietações. In: MOREIRA, Egon Bockmann (Coord.). *Contratos administrativos, equilíbrio econômico-financeiro e a taxa interna de retorno*: a lógica das concessões e parcerias público-privadas. Belo Horizonte: Fórum, 2016.

GUIMARÃES, Bernardo Strobel; CAGGIANO, Heloísa Conrado. O que mudou no direito das concessões com a aprovação da MP nº 752: perguntas e respostas. *Revista de Direito Público da Economia – RPDE*, ano 15, n. 58, p. 9-22, abr./jun. 2017.

GUIMARÃES, Felipe Montenegro Viviani. Das condições (ou contrapartidas) que o Poder Concedente pode exigir para a realização da chamada "prorrogação por interesse público" das concessões de serviço público. *Revista Brasileira de Políticas Públicas*, Brasília, v. 9, n. 3, p. 40-60, 2019.

GUIMARÃES, Felipe Montenegro Viviani. *Prorrogação por interesse público das concessões de serviço público*. São Paulo: Quartier Latin, 2018.

ISTAMATI, Gisela Barroso. Considerações sobre prorrogação do contrato de concessão no setor ferroviário. In: MEDEIROS NETO, Elias Marques de; ARAUJO, Herbert Lima; ELEOTERO, Rafaela Comunello; D'ÁVILA, Daniela Peretti (Org.). *Aspectos do direito ferroviário*: uma visão através do contencioso. São Paulo: Verbatim, 2018. p. 131-143.

JUSTEN FILHO, Marçal. A ampliação do prazo contratual em concessões de serviço público. *Revista de Direito Administração Contemporâneo*. v. 4, n. 23, p. 109-111, mar./abr. 2016.

JUSTEN FILHO, Marçal. *O direito das agências reguladoras independentes*. São Paulo: Dialética, 2002.

JUSTEN FILHO, Marçal. *Teoria geral das concessões de serviço público*. São Paulo: Dialética, 2003.

LOUREIRO, Gustavo Kaercher. Estudos sobre o regime econômico-financeiro de contratos de concessão. London: Laccademia Publishing, 2020.

MARQUES NETO, Floriano de Azevedo. *Concessões*. Belo Horizonte: Fórum, 2015.

MARQUES NETO, Floriano de Azevedo; MOREIRA, Egon Bockman; GUERRA, Sérgio. *Dinâmica da Regulação: Estudos de caso da Jurisprudência Brasileira*. Belo Horizonte: Fórum, 2019.

MARTINS, Ricardo Marcondes. Ato administrativo. In: Ricardo Marcondes Martins; Romeu Felipe Bacellar Filho. *Tratado de direito administrativo* – v. 5: ato administrativo e processo administrativo [livro eletrônico]. 2. ed. São Paulo: Revista dos Tribunais, 2019.

MARTINS, Ricardo Marcondes. *Estudos de Direito Administrativo Neoconstitucional*. São Paulo: Malheiros, 2015.

MARTINS, Ricardo Marcondes. *Regulação administrativa à luz da Constituição Federal*. São Paulo: Malheiros, 2011.

MEIRELLES, Hely Lopes. *Direito administrativo brasileiro*. 32. ed. São Paulo: Malheiros, 2006.

MELLO, Rafael Munhoz de. Prorrogação de concessão de serviço público. *Revista de Direito Público da Economia – RPDE*, ano 12, n. 46, p. 207-222, abr./jun., 2014.

MENDONÇA, José Vicente Santos. Direito administrativo e inovação: limites e possibilidades. *Revista de Direito Administrativo e Constitucional*, ano 17, n. 69, p. 169-189, jul./set. 2017.

MENEZES DE ALMEIDA, Fernando Dias. *Contrato administrativo*. São Paulo: Quartier Latin, 2012.

MONTEIRO, Vera. *Concessão*. São Paulo: Malheiros, 2010.

MOREIRA, Egon Bockmann. *Direito das concessões de serviço público*: (concessões, parcerias, permissões e autorizações). 2. ed. Belo Horizonte: Fórum, 2022.

PALMA, Juliana Bonacorsi de. *Sanção e acordo na administração pública*. Malheiros: São Paulo, 2015.

PASTORE, Affonso Celso (Org.). *Infraestrutura*: eficiência e ética. Rio de Janeiro: Elsevier, 2017.

PEREORA, Vanessa Schinzel. O conceito de vantajosidade da prorrogação antecipada no setor ferroviário. *Revista de Direito e Atualidades*, v. 1, n. 2, 2021, p. 20. Disponível em: https://www.portaldeperiodicos.idp.edu.br/rda/article/view/5835. Acesso em: 9 jul. 2022.

PINHEIRO, Armando Castelar; FRISCHTAK, Cláudio Roberto. *Gargalos e soluções na infraestrutura de transportes*. Rio de Janeiro: FGV, 2014.

PINHEIRO, Armando Castelar; FRISCHTAK, Cláudio Roberto; RIBEIRO, Leonardo Coelho. As Leis nº 13.334/2016 (PPI) e 13.448/2017 e seus impactos para as concessões ferroviárias. *Revista de Direito Público da Economia – RDPE*, Belo Horizonte, ano 16, n. 62, p. 9-37, abr./jun. 2018.

PIRES, Luis Manuel Fonseca. *Controle judicial da discricionariedade administrativa*: dos conceitos jurídicos indeterminados às políticas públicas. Rio de Janeiro: Elsevier, 2009.

PRADO, Lucas Navarro; PINHEIRO, Luís Felipe Valerim. O tempo nas concessões de infraestrutura: prazo e vigência e sua prorrogação. In: *Direito da infraestrutura*, v. 1. Série GVLaw, São Paulo: Saraiva, 2017. p. 411-448.

RIBEIRO, Maurício Portugal. *Concessões e PPPs*: melhores práticas em licitações e contratos. São Paulo: Atlas, 2011.

ROCHA, Sílvio Luís Ferreira da. *Manual de direito administrativo*. São Paulo: Malheiros, 2013.

RODRIGUEZ-ARANA, Jaime. *La prórroga em los contratos administrativos*: concepto, funciones y régimen en los contratos de obra y en los de gestión de servicios públicos. Madrid: Montecorvo, 1988.

SAADI, Mário; SANTOS NETO, Raul Dias dos. Prorrogação antecipada de prazo de contratos de concessão. *Revista de Direito Administrativo Contemporâneo*, v. 4, n. 27, p. 79-107, nov./dez. 2016.

SANGUINÉ, Odone; GUIMARÃES, Felipe Montenegro Viviani. The constitutionality of the early prorogation of the public service concessions. *A&C – Revista de Direito Administrativo & Constitucional*, Belo Horizonte, ano 19, n. 78, p. 63-85, out./dez. 2019.

SANTOS, José Marinho Séves. Novos rumos da prorrogação antecipada de concessões ferroviárias: constitucionalidade e interesse público à luz do acórdão TC nº 2876/2019. *Revista jurídica luso-brasileira – RJLB*, Ano 7 (2021), n. 4, p. 953-988, 2021.

SCHWIND, Rafael Wallbach. Modificações na regulamentação do setor portuário – as novidades introduzidas pelo Decreto nº 9.048. In: Cesar Pereira; Rafael Wallbach Schwind (Orgs.). *Direito portuário brasileiro*. 2. ed. rev., ampl. e atual. Belo Horizonte: Fórum, 2018.

SCHWIND, Rafael Wallbach. Prorrogação dos contratos de arrendamento portuário. In: PEREIRA, Cesar; SCHWIND, Rafael Wallbach (Org.). *Direito portuário brasileiro*. 2. ed. rev., ampl. e atual. Belo Horizonte: Fórum, 2018.

SILVA, Vasco Manuel Pascoal Dias Pereira da. *Em busca do acto administrativo perdido*. Coimbra: Almedina, 1996.

SOUTO, Marcos Jurena Villela. *Direito administrativo das parcerias*. Rio de Janeiro: Lumen Juris, 2005.

SOUZA, Rodrigo Pagani de. Em busca de uma administração pública de resultados. In: PEREZ, Marcos Augusto; SOUZA, Rodrigo Pagani de. *Controle da administração pública*. Belo Horizonte: Fórum, 2017. p. 39-61.

SUNDFELD, Carlos Ari; ARRUDA CÂMARA, Jacintho. Uma crítica à tendência de uniformizar com princípios o regime dos contratos públicos. *Revista de Direito Público da Economia - RPDE*, Belo Horizonte, ano 11, n. 41, p. 57-72, jan./mar. 2013.

SUNDFELD, Carlos Ari; ARRUDA CÂMARA, Jacintho; SOUZA, Rodrigo Pagani de. Concessão de serviço público: limites, condições e consequências da ampliação dos encargos da concessionária. In: *Direito administrativo Brasil-Argentina*: estudos em homenagem a Agustín Gordillo. Belo Horizonte: Del Rey, 2007. p. 25-44.

SUNDFELD, Carlos Ari; JURKSAITIS, Guilherme Jardim (Org.). *Contratos públicos e direito administrativo*. São Paulo: Malheiros, 2015.

SUNDFELD, Carlos Ari; JURKSAITIS, Guilherme Jardim. A motivação do ato administrativo como garantia dos administrados. *Revista de direito público*, São Paulo, v. 75, p. 118-125, jul./set. 1985.

SUNDFELD, Carlos Ari; JURKSAITIS, Guilherme Jardim. Acréscimo de prestações no contrato administrativo e a questão do prazo de execução. *Pareceres*, v. II, São Paulo: Revista dos Tribunais, 2013. p. 625-632.

SUNDFELD, Carlos Ari; JURKSAITIS, Guilherme Jardim. Condições jurídicas para a ampliação do contrato de concessão rodoviária. In: SUNDFELD, Carlos Ari. *Direito administrativo contratual*: coleção pareceres, vol. II. São Paulo: Revista dos Tribunais, 2013.

SUNDFELD, Carlos Ari; JURKSAITIS, Guilherme Jardim. *Direito administrativo para cético*. 2. ed. São Paulo: Malheiros, 2014.

SUNDFELD, Carlos Ari; JURKSAITIS, Guilherme Jardim. *Licitação e contrato administrativo*. São Paulo: Malheiros, 1994.

TÁCITO, Caio. Direito administrativo participativo. *Revista de Direito Administrativo*. Rio de Janeiro, v. 209, p. 1-6, jul./set., 1997. Disponível em: https://bibliotecadigital.fgv.br/ojs/index.php/rda/article/view/47038/46022. Acesso em: 12 out. 2022.